【第3版】
経済論文の作法

勉強の仕方・レポートの書き方

小浜裕久/木村福成

日本評論社

第3版へのまえがき

　本書初版の原稿を見て、編集者の金田さんは「まったく売れないか、あるいはかなり売れるか、どちらかだ」と思ったらしい。幸いにも「われわれの本としては」多くの読者に読まれた。それにもかかわらず「増補版」が出てから、早12年も経ってしまった。改訂が遅れたのはわれわれの怠惰によることはまちがいない。

　2〜3年前だったろうか、本文にも登場する畏友・米倉誠一郎に「米倉、おまえ原稿遅いだろう！」というと、「そんなことありませんよ、小浜さん、原稿書くの速いですよ、書き始めれば」と米倉は答えた。われわれも、仕事にかかればそれほど遅いとは思わないが、なかなか始まらないのだ。

　「経済論文の作法−3版」というフォルダーにある「序章」のサブフォルダーを見ると、2010年8月18日に、編集者の金田さんに「改訂始めました」と書いて序章の改訂原稿を送っていることがわかる。通常、小浜は、海外出張中の夜は現地の友人や専門家たちと夕食をともにし話をして過ごし、原稿を書かないことにしているが、2010年9月にパリとチュニスに出張したときは、結構ホテルにいて、この本の改訂原稿を書いていた。もちろん、地中海に張り出したテラスでアフリカ開発銀行のエコノミストたちと魚料理を食べながらアフリカの開発について議論もしたし、チュニスの友人とクスクスもやったが。

　この12年間でいちばん変わったのは、情報通信技術の発展だろう。「増補版」が出た1998年、電子ジャーナルは一般的ではなかった。5〜6年前だったろうか、W大学のUが「*Journal of Economic Growth* ってどこの図書館にあるの？」といったのを覚えている。その頃小浜は、*Journal of Economic Growth* を購読していた。ほとんど捨ててしまったが、Dollar and Kraay

の"Growth is Good for the Poor"が載っている2002年9月号は、いまも自分の部屋にある。現在では、学部学生でも電子ジャーナルにアクセスしてpdfファイルで教材や参考文献をダウンロードしている。アクセスが簡単になっただけではない。電子データだから、整理は簡単だし、検索も一瞬である。ゼロックスコピーが見つかず引用ページが書けないなどということもない。pdfファイルには、線も引けるし書き込みもできるから、ゼロックスコピーのペーパーと何ら変わることはない。iPadのようなタブレットで読むか、紙で読むかは趣味の問題だろう。

パワーポイントによるプレゼンテーションの普及もここ10年の大きな変化だろう。いつ頃OHPからパワーポイントに変わったかは思い出せないが、ある時期小浜は、日本経済について海外で講演するとき、OHPとパワーポイントの両方を持って行っていたことがある。いまでは事前に会議のコーディネーターにパワーポイント・ファイルをe-mailに添付して送っておいて、会議室のパソコンに入れてもらうとともに、予想される聴衆の数だけスライドのゼロックスコピーを作っておいてもらえばいい（スライドには1枚に数行の項目が書いてあるか、あるいは簡単な図だろうから、A4に6枚のスライドを入れるくらいが普通だろう）。本文にも書いたが、パワーポイントのスタイルに凝りすぎるのは考えものだ。

電子書籍が一般的になれば、図書館も電子化されるだろうし、資料・参考文献へのアクセスの仕方も変わるかもしれない。Google scholarで自分の論文を検索し、20年以上前の論文のpdfファイルがとれて、びっくりしたり感心したりすることもある。

しかし、どんなに技術が進歩しても、考え抜いていいテーマを見つけ、考え抜いて分析しない限り、いい論文やいい本が書けないということは、永久に変わらない。

2010年12月
小浜裕久
木村福成

経済論文の作法 第3版 ●目次

第3版へのまえがき　i

序　章 ｜ 勉強は楽しい！ ……………………………………………… 1

    1 世の中、楽しいこともいっぱいある　2

    2 パソコンを使う　4

    3 優先順位をつけよう　12

    4 エンジョイ！　経済学　16

第1章 ｜ 論文のテーマ探し ……………………………………………… 27

    1 普段の心がけ──持続好奇心仮説　28

    2 まめに生きよう　34

    3 二つの思考　46

第2章 ｜ では執筆にとりかかろう！ …………………………………… 51

    1 書き始める　52

    2 構成を考える　56

    3 集中せよ　61

第3章 既存研究の見つけ方 ……………………………………… 65

1 なぜ既存研究を勉強するのか　66

2 どうやって見つけるか　67

3 どうしてもわからないときは　79

第4章 実証分析とデータ・情報の集め方 ………………………… 87

1 実証分析の一例　88

2 データの切り口：時系列データと横断面データ　93

3 日本のデータ　96

4 世界のデータ　103

5 新しい情報・データの集め方　111

第5章 論文の書き方 ……………………………………………… 115

1 タイトルの付け方　116

2 構成・節立て　117

3 参考文献の書き方　120

4 注の付け方　134

5 図表の付け方　135

6 英語の論文執筆マニュアル　136

7 Plagiarism　138

8 文章はやさしく、執筆は余裕を持って　139

第6章 | 発表の仕方 ·· 141
　　　1 発表の心構え　142
　　　2 発表のテクニック　145
　　　3 発表が終わったら　155

第7章 | エンジョイ！　経済学 ······································· 157
　　　小浜の極論、木村の異論
　　　1 プロとは　158
　　　2 研究のノウハウ　165
　　　3 どう生きるか　173
　　　4 木村の異論　176

参考文献　179

序　章
勉強は楽しい！

1 世の中、楽しいこともいっぱいある

　この章はいわゆる「はしがき」ではないが、「はしがき」的な内容である。いってみれば「変なはしがき」だ。この「変なはしがき」では、以下で述べる「ノウハウ」や「勉強の仕方」、「小浜の極論・木村の異論」がごちゃごちゃに出てくる。だいたいこんなことが書いてあるのだな、ということがこの章を読むとわかる仕掛けになっている。したがって以下の各章でも同じことが別のスタイルで述べられている。「また同じ話が出てきた」と思ったら、共感する場合はもう一度読んでほしい。どうでもいいと思うところはどんどんとばして次に進むのが、本書だけでなく一般的に本を読むときのコツである。

　それにしても「勉強が楽しい」だって⁉　野口悠紀雄さんだけじゃ足りなくて（『「超」勉強法』）、小浜・木村も「勉強が楽しい」っていいたいわけ⁉
　「勉強なんて少しも楽しくない」という学生諸君も多いことだろう。でも、大学入りたてのフレッシュマンが知っている「高校までの勉強」や「受験勉強」はたしかに「勉強」には違いないけど、それは100も200も、あるいはもっとある「勉強」の一つに過ぎない。
　作家の隆慶一郎（りゅうけいいちろう）は「時代小説の愉しみ」というエッセイで、

　　　古本屋、特に歴史書の多い古本屋を覗くのが何よりも好きである。店にはいる前から、ちょっぴり鼓動が早くなる。入って、息を詰めた感じで書棚を見渡す。いろいろな関係の資料や研究書がぱっと一気に目に入ってくる。ぱちぱちと電気がはじけるようなショックがふりそそぐ。その中の何冊かを手に取って開いてみる。目次を見るだけでいい。それだけで忽ち様々なイメージと観念が、頭の中をとび交いはじめる。
　　　あれを見、これを見ているうちに、眩暈に似た感じに襲われ、……よろめくように店を出て、手近な喫茶店で腰をおろす。交錯した観念やら

イメージやらが、どうにか少しずつ落着いて来て、奇妙な幸福感が訪れる。

と書いている（隆 1994, 13頁）。楽しいって、こういうことだと思う。一口に勉強といっても、いろんな勉強がある。本書は経済学の研究という勉強について書いているが、隆慶一郎が時代小説を書くために史料を読むことも勉強だし、日本一のてんぷらを揚げるための勉強だってある。辻静雄（フランス料理研究家、現・辻調グループ校創設者。1993年死去：編集部）が命を縮めて追求したフランス料理の研究ももちろん勉強だ。辻静雄の生き方については、海老沢（1994）参照。この本の帯に丸谷才一は、

　　私はこの生涯を敬愛する。戦後の日本人の行路の見事な典型だから。そしてこの伝記小説を喜ぶ。なつかしい友達と再会できるから。

と書いている。海老沢（1994）の「文庫本解説」の最後に、向井敏は、

　　書く人と書かれる人、これほど絶妙の組み合わせはめったにあることではなかった。それは天をも妬ませた。『美味礼讃』が成ってのち、わずか一年のあいだしか、辻静雄はこの世にとどまっていることができなかった。

と書いた[1]。
　本のなかで会う話をもう一つ紹介しよう。佐々淳行の『六年二組の約束』からである（佐々 1995）。

　　主人公が若死にしたために、イメージが最高に美化されたかたちで私たちの記憶に生き続けているかもしれない。しかし、それでもいいではないか。美しい人間像がめったに見られなくなった平成の現代に、いま

だ59人の男たちの心に生き続ける理想の教師に、読者のみなさんも一度会ってみて下さい（3頁）。

2 パソコンを使う

この本はノウハウ集

　本書はレポートや卒業論文を書こうとしている経済経営系の学生諸君あるいは大学院生、シンクタンクの若手研究員、役所や企業で経済分析的報告書を書く必要のある若手のビジネスマンなどを対象として書かれている。生源寺ほか（1993，第8章）もあるが、経済学を中心に、レポート・論文を書く際のノウハウ集、あるいは基本的作法を述べた本は少ないと思う。

　本書では、同じ話がいろいろなところに出てくるため、あまり整理されていない印象があるかもしれない。それぞれいろいろな問題が結構複雑に関連しているので、われわれのいいたいことが、それぞれの問題に即して何度も出てくるわけである。あまり細かいことを気にせず、読者は自分の現在のニーズに合わせて、役に立ちそうなことだけを取捨選択して自分のものにしてほしい。

　日本人の学生や若い人は、受験勉強で飼い慣らされてきたせいか、まじめな人が多いようである（小浜の友人全員曰く「みんなが小浜みたいじゃうるさくてしょうがない」）。たとえば本を読むときは1ページ目から最後まで読み通さないと気が済まないという人がたくさんいる。論文や本は一種の道具みたいなものだから、どこから読んでもいいし、部分的に読んでもいっこうにかまわない。もちろん、襟を正し、姿勢を正して読むべき本もあるだろう。たとえば、石川（1990）などはそのような本だ。だからといって、よし『開発経済学の基本問題』読んでやろうという読者には、「かなり覚悟して読まないと歯が立ちませんよ」といっておきたい。この本を一所懸命読んで、お腹が痛くなったという人もいる。とはいえ、一部の章だけ読めばいい本だってたくさんある。

われわれは大学で経済学を教えているので、経済学に関するレポートや卒論を読むことは、本業の一部だ。そこで気づいたことは、学生たちが驚くほど論文の書き方、たとえば、どうやってメモ作りから論文に仕上げていくか、どういう形式で参考文献を書いたらいいか、といったことを知らないかということである。これだけいろいろな本が氾濫している日本だから、論文の書き方・作法といったことを書いた本がありそうなもんだと思ったが、どうもわれわれにはしっくりくるものが見つからなかった。そんなら二人で書いちゃえ、と軽率にも他の研究書や論文の締切も顧みず書いたのが本書である。

　経済学といってもその対象は広く、そのすべてをわれわれが知っているはずもない。われわれの専門は国際経済学、開発経済学で、しかも純粋理論というよりも実証研究が専門である。したがってこの本で以下われわれの書くことは、国際経済学や開発経済学の実証研究にバイアスしていることを承知のうえで読んでほしい。

　この「変なはしがき」からも想像できるように、論文やレポートの書き方といったノウハウと同時に、勉強や研究のたいへんさと面白さについてもわれわれの考え方を勝手に書いてある。節によってはノウハウより研究の楽しさ、研究の姿勢に関する記述が多いところがあるかもしれない。時によったら、あるいはしょっちゅう小浜と木村の意見が食い違う。そこで「小浜の極論」「木村の異論」が最後の章にまとめてあるわけだが、それ以前の各章でも、そしてこの「変なはしがき」でも、研究の姿勢、研究者とは何か、についても少し触れている。そのような点は関心ないという読者は、そこはとばして読んでもらいたい（一般的にいえば、小浜の意見は極論で、相対的には木村のほうが常識的である。ただし、絶対的に木村が常識的かどうかはわからない）。

パソコンは必需品

　本書ではパソコンの活用を前提としている。貧乏学生でも、ちょっと頑張ってアルバイトしたら、型落ちのパソコン（たとえば Windows XP）なら買うことができるだろう[2]。論文を書いたり、インターネットでデータをダウ

ンロードし、エクセルでグラフを書くのに、最新のパソコンでなくてもいい。

　一世を風靡した『知的生産の方法』(梅棹1969)で主役だったカードは、われわれの考えではもはや脇役でしかない。話は飛ぶが、梅棹(1998)は誰であれ必読文献だと思う。ここで「誰であれ」というのは、「何かものを考えようとする人なら誰でも」という意味だ。ついでにいわせてもらえば、くじけそうになったとき、くじけているときは、梅棹(1995)を読むといい。この本を読んでも何も感じない人は、少なくともプロの研究者、学者、あるいは芸術家になるのはやめたほうがいいと思う（小浜の極論〔なお梅棹氏は2010年死去。享年90。1986年、原因不明の失明に襲われたが、以後も口述筆記で著作活動を続けた：編集部〕）。

　よけいなことをいったが、ここで本書の本論であるノウハウについてちょっと先取りしておくと、この「はしがき」を書いているとき、梅棹(1995)は見つからない。梅棹忠夫に『夜はまだあけぬか』といったタイトルの本があったこと、さらにその内容はよく覚えているが、『夜はまだあけぬか』というタイトルはあまり自信がないし、「明けぬか」なのか「あけぬか」かはまったく記憶にない。そこで威力を発揮するのが「文献データベース」だ。何も汎用の「文献データベース」をきちんと整備せよ、といっているのではない。たとえば、読んだ本や論文をきちんとワープロソフトのワードなどで書いてファイルにしておけばいい。パソコンで検索すれば、ただちに必要な情報が出てくるだろう。

　『夜はまだあけぬか』に話を戻すと、著者が梅棹忠夫であることはまちがいないから、「梅棹」で検索してやれば、文献情報は瞬時に画面に出てくる。それをこの本の参考文献というファイル（ワープロソフトのファイル）の「U」のところに張り付けてやればいい。論文でも本でも引用するたびに、このように参考文献に「まめ」に追加していくべきである。もちろん「おまえたちはこんな本を書いているくせに引用する文献もきちんと整理していないのか。自分は引用するに値する文献はすべてきちんと整理してあって、本ならどの本棚の何段目のどのあたりにあるかいつも覚えている。論文なら著

者ごとにあるいは分野ごとにきちんとコピーがファイルされている」というお叱りもあるだろう。そのお叱りはごもっともだが、われわれ凡人は、なかなかそうはいかない。この本は「凡人」のための勉強の仕方、論文の書き方のノウハウなのだ。

　もちろん、さらに怠惰で自分なりの「文献データベース」が不完全な場合でも、アマゾンを使ったり、国会図書館で検索したり、著者名がわかっていれば、「Google Scholar」で検索してもいいだろう。

　「Google Scholar」のホームページに行くと、日本語表示画面に行けば（http://scholar.google.co.jp/）、「巨人の肩の上に立つ」と出てくるし、英語表示画面に行けば（http://scholar.google.com/）、「Stand on the shoulders of giants」という有名なニュートンの言葉が出てくる。ジョーンズの経済成長論の教科書でも、知識・技術のスピルオーバーの説明でこのニュートンの言葉が引用されており、「肩車効果（"standing on shoulder" effect）」と呼んでいる（Jones 2002, pp. 101, 163-164）。大来（2010）も戦後日本の高度成長を新しい経済成長理論で説明しようとする章で、「肩車効果」に言及している（87頁）。

　知識・技術のスピルオーバー効果とは、万有引力の法則の発見が社会全体にもたらした便益は、ニュートン個人が得た便益をはるかに上回る、ということだ。もちろんニュートン自身もケプラーのような先人に多くを負っていたことはまちがいない。だからこそニュートンは、「他の人より遠くを見渡すことができたとすれば、偉大な先人の肩に乗っていたからだ」といったのである。

　貧乏な苦学生でパソコンが買えない場合でも悲観することはない。今時の大学にはどこでも、学生が自由に利用できるパソコンがある。同じことだが、英語が話せるようになるためには、英会話学校に行くほうがいいが、自分は貧乏だから行けない、だからできない、などとひがむのもヤメにしよう。苦学より楽学のほうがいいに決まっているが、要は姿勢の問題である。毎朝20分、ラジオの英会話を１日も欠かさずに高校３年間大学４年間、聞いてご覧なさい（小浜説）。要はやる気の問題だ。理屈に合わない昭和の陸軍のよう

な「精神力絶対論」はナンセンスだが、理にかなったうえでの精神力は不可欠である。ID 野球の野村・元監督は、いかにも精神力などというものを軽視しているように世間では思われているかもしれないが、全然違う。野村は「理にかなった精神力」を重視している。この点に関心のある読者は、野村 (1995) 参照。

ファイルのバックアップは不可欠

　パソコンの具体的な活用方法については順を追って本文で述べるが、まずいっておきたいことは、「機械は壊れる」という当たり前のことである。パソコンもプリンターも機械だからときどき壊れるという当たり前のことをけっして忘れないでほしい。「マーフィーの法則」ではないが、いちばん忙しいときに壊れるようだ。われわれはどうしているかというと、自宅にも研究室にも同じような機械を持っているので、2台が同時に壊れる確率はほとんどゼロに近いと思っている。それができないときは、大学やオフィスにある機械で仕事をすることだ。あるいは近くに住む親しい友人に貸してもらうという人間関係のネットワークを日頃からきちんとメインテナンスしておくことも必要である（夜ならわれわれの自宅の間は車で15分くらい）。

　オフィスや大学が閉まる週末に壊れることも多いようである。たとえば、いま日曜日の夜と仮定して、遅れている原稿を明日朝までに出版社に送らなくてはいけない、というせっぱ詰まったときにパソコンが壊れたとしよう。われわれもご多分に漏れず遅筆で編集者泣かせだが、e-mail に本文（たとえばワード・ファイル）と図表（たとえばエクセル・ファイル）を添付して送れば組む必要がないから締切はあと3日はあるなどと、つまらないことにはよく頭が回って、月刊誌でも週刊誌でも原稿は締切ぎりぎりである。そんなときにパソコンあるいは e-mail のモデムか無線 LAN が壊れたらアウトだ。小浜は、自宅の足の踏み場もない仕事部屋に、原稿を書くための画面の少し大きいパソコンとインターネットにつながっているパソコンを並べて仕事をしている。二つのパソコンが同時に壊れる確率はかなり低いだろう。それでも

心配なので、別の部屋に家族用にウィンドウズのパソコンがあって、それもインターネットにつながっている。

　でもハードなら何とかなる。どうしようもないことは、自分がつくったメモ、原稿や図表のファイルである。ファイルも壊れるという、これまた当たり前のことこそもっとも注意しなくてはいけないことだ。便利だということは、その裏にたいへんな危険が潜んでいるということでもある。昔のように手書き原稿の時代では、500枚の原稿をまちがえて焚き火にくべて燃やしてしまう、といったことはほとんど考えられない。しかしいま、ハードディスクの値段は急速に下がっているし、スピードも速いことから、原稿のファイルをハードディスクに保存している人も多いだろう。われわれもそうである。ということはそのハードディスクが壊れてしまったら、すべてアウトということである。

　どうしたらそれを防げるか。ありとあらゆることに絶対ということはないが、ファイルのバックアップをまめにとるということである。USB メモリーにバックアップをとるというのがいちばん安価でだれにでもできる。自宅とオフィスでファイルを持ち歩く場合は、ワープロと簡単な図表であれば USB メモリーで移動するのがもっとも簡単で、安上がりなバックアップ・システムだろう。４ＧＢ（ギガ・バイト）なら1000円程度だろうか。締切間際の卒業論文・修士論文など大切なファイルは、必ずバックアップをとろう。書きかけの原稿をいちいち USB メモリーに入れて持ち歩くのが面倒なときは、e-mail に添付して自分のアドレスに送っておけばいい（オンライン・ストレージという方法もあります：編集部）。

　小浜は仕事用のパソコンに１ＴＢ（テラ・バイト）の外付けのハードディスク、さらにそれに320GBのリムーバブル・ハードディスクをつないでいる。外付けハードディスクとリムーバブル・ハードディスクを二重にバックアップとして使っている[3]（リムーバブル・ハードディスクは自宅の仕事場に置かずに、研究室においたりしている）。

　ここでも寝ぼけていると落とし穴がある。古いファイルと同じファイル名

をつけ古いファイルを新しいファイルに「上書き」してしまうという落とし穴だ。これを防ぐためにはファイル名に日付をつけてしまうといいだろう。たとえばこの章の原稿は「小浜-序章-論文作法3版-100818」という名前がついている。こうしておけば、「小浜-序章-論文作法3版-100817」というファイルを逆に上書きして新しいもの（小浜-序章-論文作法3版-100818）を消してしまうというポカは防ぐことができる。

　われわれの使うパソコンは基本的にはマックである。しかしウィンドウズ・マシンでもマックでもどちらでもいいわけで、まあ趣味の問題だ。かつてマックの最大の欠点は値段が高いという点だったが、いまやその問題も解消された。唯一マック・シリーズの問題は、何も付いていない MacBook Air でも13インチディスプレイで1.32キロ、11インチディスプレイでも1.06キロと重いということだろう。レッツノートなら同じ重さで、スーパードライブ付きもある。もちろん「あのデザインのレッツノート持ちたいと思う？」という親しい友人もいる。もっともだと思う（小浜の極論）。ということで小浜はレッツノートを買ったことはないが、Vaio の11.1インチのXシリーズは持っている。これなら、MacBook Air 同様何も付いていないが、重さは700グラムを切る。

　昔のように手書き原稿の時代には、原稿をなくしてしまう、といったことはほとんど考えられない、と書いたが、中村元の『佛教語大辞典』原稿紛失事件は有名である。インド哲学の中村元が20年かけ一人で執筆していた『佛教語大辞典』が完成間近になったとき、担当編集者が原稿を紛失してしまった。中村は「怒ったら原稿が見付かるわけでもないでしょう」と怒りもせず、翌日からふたたび最初から書き直し、8年かけて完結させた。改訂版である『広説佛教語大辞典』ではさらに8000項目が追加され、没後全4巻が刊行された[4]。

　世の中には、このように「信ずることができない」くらい、偉い、立派な人もいるのだ。もちろん、くだらない人間もたくさんいる。小浜は60歳を過ぎているが、若いころ同様喧嘩っぱやく、頭に来ることも多い。バカな人間

やバカな出来事に遭遇したとき、こういう偉い人のことを思うことにしている。

モニターは、できれば大きく

　モニターにも注意が必要である。小浜は、この原稿を自宅仕事場の21インチモニター一体型のマックで書いている。狭い大学の研究室や、まして狭い日本の自宅の書斎に大きいモニターを置くのはちょっと無理かもしれない。でも、もしスペースと予算が許せばできるだけ大きいモニターを買うことを薦めたい。仕事の効率が全然違う。この原稿を画面の中央に置いたワードの画面で書き、左のほうに「原稿のためのメモ」（これもワード）を置いている。書きながら書くべき項目がいろいろ頭に浮かんでくる。新しい項目が浮かんだら忘れないうちに左のメモ画面に項目だけ書いておく。順番は後からいくらでも入れ替えることができる。その項目を見ながらまた本文のワープロ画面に戻って文章を書くわけである。「参考文献」も別のワード・ファイルで、モニターの右のほうに出ている。本文に新しい文献を引用するたびに、必ず「参考文献ファイル」に追加しなくてはならない。「あとでまとめてやろう」などといういい加減なことでは、必ず「漏れ」が出る。

　実証分析の場合は、右半分には回帰分析の表を置いたり、あるいは論文には実際に入れないグラフを置いてそれを見ながら文章を書くのである。われわれは図表はエクセルでつくっているので、長いトレンドの数字などを実際論文に入れてその説明を書くとき、それをグラフ化すると数字だけではよくわからないことがきわめて印象的にわかる。オフィスや大学に大きなモニターがない場合は、時間を惜しまず、いろいろなグラフをプリントアウトして四六時中眺めているのも重要なことだ。

　だいぶ以前のことになるが、木村が「新しいモニター買おうかな」といっていたとき、「絶対17インチのいいやつ（高くてもいい画面）を買え」といったのは、本書の編集者と小浜である（そういえば、小浜に17インチを買わせたのも彼だったような気がする）。10年前は、17インチのモニターでも結構高か

った。もちろん21インチとか27インチのような大画面を置ける・買えるという恵まれた環境にある読者はそれにこしたことはない。会社や研究室の先生をだまして買わせてしまうという手もあるだろう。

木村も大画面の信奉者だが、贅沢なことに、「寝っころがってノートパソコンで原稿を書く、というのもまたオツなものだ」などと宣もうている。

最近では少なくなったが、「このパソコンでは何千ものソフトが使えます」という宣伝文句がある。こんなコピーを書く宣伝マンのセンスも疑うが、それにだまされる消費者もバカである。われわれのように経済学の研究者が使うソフトはたかだか、ワープロ、表計算ソフト（スプレッドシート）、アウトラインプロセッサー、統計分析、データベース、お絵かき、ウイルスチェッカー、ディスク管理、プレゼンテーション（たとえばパワーポイント）などだろう。

3 優先順位をつけよう

いい仕事をするには、あるいはいいレポートを書くには、仕事に優先順位をつけなくてはいけない。ありとあらゆる仕事を同じ質で実行することは誰もできない。それができれば誰も苦労しないし、そもそも経済学なんて存在しない。資源制約や予算制約のない経済学はありえない。

人一倍遊び、人よりたくさん寝て、人よりもいいレポートやいい論文を書こうとしてはいけない。要は「やるべきこと」、「やったらいいこと」「やってみようかなと思っていること」の間の優先順位をつけることだ。大学の教師のなかでもこれができずに、なんでも「イエス」といっていつも仕事が進まない人がたくさんいる。要はメリハリをつけることが大切である。少なくとも週に1度は運動をして仕事をしないとか[5]、酒を飲んだらダラダラしていないですぐに寝て翌朝早く起きるとか、いろいろ工夫すべきである。

時間は有限だ

「時間は有限だ」、「時間を大切に」、そんなこといわれなくても当たり前だ、と思う読者も多いだろう。しかしだんだん年をとってくると世の中当たり前のことが当たり前にできたり動いたりすればどんなに過ごしやすいか、という感がいっそう強くなる。これはミクロ（個人）でもそうだし、マクロ（日本、世界）でもそうである（小浜説）。

ここでは論文を書くためには、「まとまった時間を大切に」すべきであるということがいいたい。これも当たり前か。そのためにも「細切れの時間も大切に」しないといけない。一般的にいって、論文を書いたり読んだりするときは、だんだん調子が出てくるようだ。したがって「論文を書く」「本を書く」といった知的生産のためには、できるだけまとまった時間を確保する必要がある。一般的には、細切れの30分が1日に12回あるよりも、まとまった3時間が2回あるほうが研究には望ましいと思う。野球でいえば王貞治のように、いかにくだらない仕事に邪魔されても瞬時に集中できる人もいるが（野村 1995, 148頁）、それはごく希な天才だからできることで、われわれ凡人には至難の業である。

矛盾するようだが、まとまった時間が大切だからこそ、細切れの時間も大切にしなくてはいけない。勉強したり論文を書く以外にもいろいろやることがある。手紙を書いたり、e-mail の返事を書くことも意外と時間がかかるものだ。しなくてはいけないが5分10分でできることを細切れの時間にかたづけて、まとまった時間を作ることが肝要である。

新聞の「電子切り抜き」も、細切れ時間の活用には適している。小浜は老人なので、依然、紙媒体にも執着している。『日本経済新聞』、『読売新聞』、*Financial Times*、*International Herald Tribune* と4紙を購読している。一部は昔風に台紙に貼り付けてファイルしているが、整理するのがたいへんだ。紙の新聞でファイルしたい記事をチェックしておき、「Google ニュース」や *Financial Times*、*New York Times* の website で検索して、pdf ファイルにしてテーマごとに保存している。電子化されたファイルなら、見つけ出すの

は至って簡単だ。

　忙しいビジネスマンでも、意志さえあれば本を書くこともできる。いろいろ勉強もし、アイディアもあるがまとまった時間がとれないので論文や本が書けない、と嘆くビジネスマンがいるが、それは心がけの問題である。たとえば毎週末平均10時間執筆したとしよう。土日で10時間原稿を書くのはそれほど簡単なことではないが、かといって不可能な時間数でもないだろう。1年に50週以上あるから、この方法で1年間に500時間執筆できることになる。1時間に1枚くらい書けば本1冊くらいの原稿が書ける計算になる。こうやって現に本を書いた商社マンがいるそうだ。

　戦後日本経済についての名著である『高度成長の時代』を書いたとき、著者の香西泰さんは経済企画庁（当時。現、内閣府）の現役課長で、土曜日の夜から日曜日にかけて執筆し、この本の執筆によって「公務をおろそかにしたつもりはない」（香西 2001, 288頁）と書いている[6]。要はここでも姿勢の問題なのである。この点は学生諸君にとっても、若い研究者にとっても大切な点なので、以下の諸章で折りに触れ、述べていく。

仕事はルーティーン

　仕事（ここでは勉強や研究）の生産性を上げるには、自分の生活のなかに仕事をルーティーン化することが大切である。あるときは徹夜を繰り返し、別のときはあまり仕事をしないというのでは、長期的に見ればあまり多くの仕事が期待できないように思う。高橋亀吉は毎日7時間しか勉強をしなかったというが、あれだけの本を遺している。高橋亀吉が何者であるかを知りたい読者は、高橋（1976）を読んでほしい。それを読んでもっと高橋亀吉を知りたくなったら、経済史三部作（1954, 1955, 1968, 1973）に挑戦するといいだろう。高橋亀吉が死んだときある大学教授は「高橋経済学は天才の経済学であり、われわれ凡人がまねすることができないものである。だからこそわれわれは理論を勉強して少しでも天才に近づこうとしているのだ」という追悼文を書いている。

あるとき、これも酒の席だったと思うが、石川滋先生と速水佑次郎先生が、「やっぱり朝は9時くらいに来ないとねえ」と何気なく話しているのを耳にした。お二人ともごく自然にそしてそのような生活パターンを何十年と実行してきた感じだった。その理由は、やはり3時間4時間と午前中にまとまった時間がないと仕事の生産性が落ちる、といった話であった。そういえば速水さんからの事務的な電話は、朝の8時半とか9時前にかかってくる。朝9時前にその日のうちに連絡しなくてはいけないことを済ませ、昼まで3時間4時間の研究の時間が始まるのだろう。

　勉強のルーティーン化で思い出したのがマルクスの勉強である。マルクスは大英博物館の図書館で毎日いつも同じ席に座って一日中勉強していたので、マルクスの巨体のせいでその椅子はいまだに凹んでいるという伝説まである。

名前の順番

　共同論文の場合は、日本語でも英語でも、われわれは基本的には姓のアルファベット順に並べるのがいいと思っている。ではなぜこの本がアルファベット順に木村・小浜でなく小浜・木村になっているかというと、その理由は最後の章に書いてある。小浜の極論が過激すぎるので、それについては木村は責任をとらないという意味で、例外的に小浜・木村となっているわけである。過激な発言はすべて「文責：小浜」である。過激すぎる発言・記述・内容についてはとくに「小浜の極論」とつけるようにしたが、うるさいので何も書いていないところもある。ときには「小浜の極論」のあとに「木村の異論」も登場する。

　日本語の場合、もちろん共著の名前の順番をアイウエオ順にするという考え方もあるだろう。われわれの古い友人であるW大学のU教授は、「自分はUなのでいつも共同論文では名前が最後で損している」とぼやくので、彼との共著・共同論文では、原則として、日本語の場合はアイウエオ順にU・小浜で、英語の場合は、アルファベット順にKohama/ Uとしている。U教授は柳田さんとか柳原さんには大いに同情していることだろう。

4 エンジョイ！経済学

感受性が大切

　いい論文を書くには、感受性が不可欠である。これは何も経済学の研究に限ったことではない。研究すべてにいえることだし、野球だって同じことだろう。野球における感受性については、野村（1995）を読むと面白い。

　研究も楽しいということを二人の歴史家の文章から引いてみよう。初めは江上（1995）である。この著者の考え方が学問として正しいかどうかというより、ものの考え方、学問の姿勢を感じてほしい（江上波夫氏は考古学者。「騎馬民族征服王朝説」を提唱したことで有名：編集部）。

　　　古墳およびその出土品を中心として考察すると、そこに東北アジア系騎馬民族が朝鮮半島経由で日本に侵入し、騎馬民族文化を持ってその征服事業に従事したことの反映が到る所に認められるものであって、しかもそれが日本における統一国家の成立とも直接結びつくものであることは……明らかであろう。……それでは古墳時代前期に、騎馬民族の日本侵入の事実を反映するような考古学的事象が認められるであろうか。これを積極的に実証するようなものはまだ見いだされていないようである。しかしそれはミッシング＝リンクに相違なく、将来必ず見いだされると私は考えているのである（175-176頁）。

　　　人間とは時間的、空間的にどの様な存在であったか、それを知りたいという欲求が意識的にせよ、無意識的にせよ、潜在的な好奇心という形で少年時代から現在まで続いていて、私を学者にも探検家にも、各種の文物の蒐集家にもしたのではないか。それは私のもって生まれた業のようにも生命のようにも思われる（233頁）。

　　　日本民族の形成の問題や、日本国家の成立における東北アジアの騎馬民族の寄与の問題にとどまらず、世界人類史における数千年にわたる農

耕都市文明と牧畜騎馬文明の併存、対立と、共存、融合の関係を従来のように農耕都市文明の側からだけ見るのではなく、世界人類史の理解に必須なこと、特に二十一世紀を迎え、全人類を一つのものとして観ることが要請されている現代にあって、特別に緊要なことではないかと強調してきたのである（234頁）。

　研究に関する頑固さ、信念はとても大切なものだ。しかしまた柔軟な頭も同時に重要である。ここが研究のむずかしさである。優れた研究ができる人は、だいたい「頑固」だ。しかし、人の意見に耳を傾けられなくなると、研究者としての生命は終わりである。ここの所のバランスがむずかしいところだ。江上説に対する批判については、佐原（1993）や江上・佐原（1996）などを読んでみてほしい。佐原さんは江上波夫の文化勲章受賞後に「文化勲章には盾つきにくいな」というと「そんなこというなヨ、やれヨ」といわれ（佐原 1993, ⅱ頁）、「そうです。騎馬民族説は、江上波夫さんが創り出した昭和の伝説なのです」（219頁）と批判し、「かつて、騎馬民族征服王朝説という仮説がありました」と本を結んでいる（220頁）。なんと印象的な結びだろうか。
　次の引用は網野善彦である。日本中世史である。網野はかつて高校で教えていたとき生徒に質問されて答えられなかったことを決して忘れず、網野（1987）のはしがきで、この本はそのときの生徒の質問に対する現時点の自分の解答である、と述べている（3-4頁）。引用しよう。

　　歴史学を一生の仕事とする決意を固めるのと、ほとんど同じころ、私は高等学校（都立北園高校）の教壇に立った。私にとって、これが初めての教師経験であり、生徒諸君の質問に窮して教壇上で絶句、立ち往生することもしばしばであったが、その中で次の二つの質問だけは、鮮明に記憶している。
　　「あなたは、天皇の力が弱くなり、滅びそうになったと説明するが、

なぜ、それでも天皇は滅びなかったのか。形だけの存在なら、取り除かれてもよかったはずなのに、なぜだれもそれができなかったのか」。……伝統の利用、権力者の弱さ等々、あれこれの説明はこの質問者を一応、黙らせることは出来たが、どうにも納得しがたいものが、私自身の心の中に深く根を下ろしていったのである。

　もう一つの質問に対しては、私は一言の説明もなしえず、完全に頭を下げざるをえなかった。「なぜ、平安末・鎌倉という時代のみ、優れた宗教家が輩出したのか。……」。

　この二つの質問には、いまも私は完全な解答を出すことが出来ない。ただ、その時以来、脳裏に焼き付き、いつも私の念頭から離れなかったこの問題について考え続けてきた結果の一部を、一つの試論としてまとめたのが本書である。

　人の名前を覚えるのが不得手な私は、このときの質問者の名前も、記憶していない。まことに申し訳ないと思うが、いまは三〇代半ばに入っているはずの当時の生徒諸君が、万一、どこかで本書を読んでくれることがあったら、これがあの時の未熟な教師が精一杯考えた、現段階のつたない答として、うけとっていただきたい。

網野善彦はまちがいなく日本中世史研究の新しい扉を開けた人である。これが研究者のあるべき姿勢かもしれない。網野の『日本の歴史をよみなおす』からもう一つ引用しよう。

　この本を読んで、歴史に対する興味が少しは持てたという人、歴史は現在の生活と深い結びつきがあるのだという感じを多少でも抱いてくれる人が、わずかでもふえたならば、私にとってこれほど幸せなことはない。どうか遠慮なく批判をしていただきたい。そうした批判や感想を糧にして、これからも少しずつであれ、私も努力を重ねて、もっとわかりやすく、力強いものが書けるようになりたいと思っている（網野 1991,

236-237頁)。

　研究の姿勢を知るうえで、経済学者の文章も一つ引用しておこう。われわれの畏友、寺西重郎・一橋大学名誉教授の本の「はしがき」からの引用である。

>　本書にはさまざまな仮説がおさめられている。……歴史的な金融諸現象に一貫した論理的解釈を与え、かつそれを現代の諸現象に接合するという作業は、大小さまざまな新しい仮説の設定を必要とした。いま一つの理由は、利用可能なデータと既存の理論的分析装置のみをもってしては答えにくい諸問題にあえて論究した点にある。このため個別的分析では出来るだけ禁欲的たるを心がけたが、全体のロジックの流れをつけるにあたってはあえて強い仮説による飛躍を行った箇所もある。しかしこうした試みは金融理論の発展のための一つのきわめて重要なステップであると考える（寺西 1982, viii頁）。

受験勉強と大学の勉強

　本当の研究とは上で述べたような「新しい扉を開ける」不断の努力のことである。ハンドブックに書いてあることをいくら暗記しても研究ではない。どこを見れば書いてあるかを知っていることは重要だが、とんぼの複眼の数を暗記していても何になるというのだろうか。受験などよりも大切なことが世の中たくさんある。

　ここでいう「新しい扉を開ける」は第一線の研究者についてのことである。学部の学生諸君にとっていえば、きちんと理論的に考えたら通説がまちがっていた、あるいは通説は一面的だった、ということがわかる、ということが大切だと思う。

　新聞に書いてあることもおかしい点はたくさんある。理論的におかしいことはもとより、事実関係がまちがっていることもよくある。具体的に何とは

いわないが、あるとき、援助関連の記事がまちがっているので、若い友人に新聞社に電話してもらったところ、担当記者はそれでいいといい張って絶対まちがいを認めなかったという経験がある。われわれの友人である柳原透・拓殖大学教授の名言「新聞記事って、知っていることだといっぱいまちがっていることがあるよね。ということは知らないことの記事でもいっぱいまちがっている、っていうことか」。このことに関心がある読者は、妹尾（1992, 205-207頁）も参照。あるとき国会中継を聞いていたら、ある野党議員が「これは新聞に書いてあるような絶対正しいことだ」といって政府にかみついていたことを思い出す。われわれの代表がこんな程度かとたいへん情けない思いをした記憶がある（小浜の極論）。

頭を柔らかくして考えよう

　昔の同僚で『Voice』なんて雑誌に載ったものは論文とはいえないと教授会で発言した人がいた。そこでどんな雑誌に載れば論文といえるかと聞いたところ、彼はたとえば『思想』ならいいと答えた。隣に座っていた別の同僚が「まだ『思想』なんてあったの。もう化石になっているかと思った」と一言つぶやいた。

　大切なことは自分の頭を柔らかくして、著者の名前も、著者がどこの大学の先生かも、その論文が載っている雑誌が何かも気にせず、その中味だけを評価する姿勢である。とらわれない気持ちで、本質だけで評価するということはとても大切な姿勢である。しかし時間が有限である以上、あらゆる雑誌を同じ密度で目を通すことができないのもまた事実である。学生諸君の場合は、先輩や先生によく聞いて、重要な論文から読んでいく、ということも大切だ。

本当に面白いこと

　本当に面白いことは、入り口の敷居が高いものだ。小浜は若いとき全日本選手権を２度とった中村太郎という偉い先生に剣道を習っていた。中村先生

は惜しいことに若くして病気で亡くなられたが、先生はいつも「若いときは親が怖い、先生が怖いで剣道は大嫌いだった。でもいまは剣道をやっていてよかったと思う」といっておられた。経済学の勉強も同じである。

　本当に面白いことは、最初は取っつきにくいものである。でもそれを見つけられれば、一生得することはまちがいなしだ。和服の一竹辻が花で有名な久保田一竹さんが、辻が花に初めて出会ったのが20歳のとき。そして一竹辻が花が世に出たのが60歳のときである。このあたりの話に関心がある読者は、妹尾河童と久保田一竹の対談「屋根裏に星を見上げた」（妹尾 1991, 219-244頁）を読むととても面白い。一竹辻が花って何だ、という人は、写真ではわからないといわれているが、西川・尾高・斎藤（1996）のカバーの写真がそれである。

最近の学生

　「最近の学生は勉強しない」という大学の先生がいるようだが、われわれにはよくわからない。どちらかというとわれわれ二人は、「最近の学生は何であんなによく勉強するのだろうか」と思っている。

　何度もいうが、学生が貧乏なのは恥ではないが、勉強しないのは恥だと思う。小浜は学部の国際経済学の講義で英語の教科書を使っている。教科書代が1万円を超えることもある。授業はとりたいが、教科書が買えないという学生には、本代を貸すこともある。就職してから何度目かのボーナスで返してくれればいい。

　大学生活、すべてが勉強で明け暮れるべきだなどというつもりはない。しかし、無為に過ごすのは最低だ。運動でもいい、小説の乱読でもいい、もちろん専門の勉強でもいい。無為に過ごすには人が持っている時間はあまりに短いのである（学生諸君「青春は若者にはもったいない」などと年寄りに言わせないように：編集部）。

　この変な教師の講義要項の見本を以下にお見せしよう。小浜の2010年度のゼミの講義要項・ゼミ紹介の一部と前期の教材である。小浜の所属する大学

では、ゼミ、卒論は必修。木村ゼミも教材や卒論など細部は違うが、基本的には似たような方針でやっている。

小浜ゼミ：
A. ゼミの基本的考え方：
1. 広い意味での国際経済学に関する教科書、専門書、専門論文を読んで議論する。
2. 国際貿易論、国際投資論、経済開発論、経済援助論、累積債務問題、など広い意味での国際経済学／開発経済学に関係する分野すべてを研究対象とする。
3. 毎回、日本語なら1冊、英文なら100ページ程度の教材を使い、十分な予習を前提として議論する。
4. 専門課程における国際経済学／開発経済学のゼミに相応しい議論をするためには、マクロ経済学、ミクロ経済学、国際経済理論、経済数学および統計学の基礎知識が不可欠である。さらに現在の世界の様々な出来事を理解するためには、近現代史の知識も必要とされる。また、大量の英文の専門論文を読むことも必要となるので、入ゼミ希望者に対し、マクロ経済学、ミクロ経済学、国際経済学、経済数学、統計学、近現代史および英語の試験を行う。さらに、入ゼミ希望者の勉学の意欲もゼミ選考基準として重要な要素なので面接を行う。
5. 講義と違ってゼミという性格上、受講者は、1学年5～6名を上限とする。
6. ゼミの議論は英語と日本語のチャンポン。卒業論文は英語とする。
7. 知力、気力、体力の充実した学生諸君の受講を希望する。

B. ゼミの頻度：
前期は毎週火曜日午後。後期は、毎週火曜日と金曜日の午後。年2回のゼミ合宿を行う。

小浜ゼミの教材（2010年度前期と夏合宿）

1．Robert E. Hall and Charles I. Jones. "Why Do Some Countries Produce So Much More Output Per Worker Than Others." *Quarterly Journal of Economics*, February 1999, Vol. 114, No. 1, pp. 83-116.

2．*Finance and Development*, March 2010
   http://www.imf.org/external/pubs/ft/fandd/2010/03/index.htm
   Avoiding Protectionism
   　Christian Henn and Brad McDonald
   　pp. 20-23
Differential Impact
   　Pelin Berkmen, Gaston Gelos, Robert Rennhack, and James P. Walsh
   　pp. 29-31
Their Cup Spilleth Over
   　Trung Bui and Tamim Bayoumi
   　pp. 32-34
A Tale of Two Regions
   　Jorge Ivan Canales-Kriljenko, Brahima Coulibaly, and Herman Kamil
   　pp. 35-36
Learning from the Past
   　May Khamis and Abdelhak Senhadji
   　pp. 50-52

3．Rob Gregory, Christian Henn, Brad McDonald, and Mika Saito. "Trade and the Crisis: Protect or Recover." IMF Staff Position Notes, April 16, 2010. 22p.
   http://www.imf.org/external/ns/cs.aspx?id=236

（中略）

19. 神谷秀樹『強欲資本主義を超えて——17歳からのルネサンス』（ディスカヴァー携書）ディスカヴァー・トゥエンティワン、2010年。

　いまの日本の高校以下で、勉強ができるということは、その子どもの価値を評価する100も200もある基準のたった一つでしかない。しかし現実の世の中では、偏差値という唯一の基準で評価しがちだ。これはおかしい。しかし世の中がそう動いていないことに、これまで30年40年と大人をやってきたわれわれにも責任の一端がある。われわれも微力ながら、何とか多くの人が多面的な価値基準を認める世の中にすべく頑張りたいと思っている。「豊かな社会とは選択肢の多い社会」なのである（米倉 1995, 353頁）。
　たいへんな受験勉強をくぐってきた学生諸君には、何とか、大学の勉強の本当の面白さを伝えたい。これまた「小浜の極論」かもしれないが、教師の役割は、とくに大学では学生を「だます」ことにあるのではないかと思っている。大学生になって、「ああ、高校とこんなにも違うんだ」「大学の勉強も面白いぞ」と思わせてしまえばいいのである。まあ、何はともあれ、エンジョイ！経済学。

1）辻静雄は、『美味礼讚』のハードカバーが出版された翌年（1993年）、60歳で亡くなった。開高健や谷沢永一の仲間だった向井敏も2002年に、『美味礼讚』の著者、海老沢泰久も2009年に59歳で死んでしまった。
2）別に「苦学」を奨励しているわけではない。「楽学」のほうがいいに決まっている。学生が貧乏なのは恥ではないが、勉強しないのは恥だと思う。ちなみにわれわれは、「Windows派」ではなく「Mac派」である。
3）毎週末、自分が作ったファイルやe-mail、写真などを単純に外付けのハードディスクにバックアップしている。
4）このことは、中村元が86歳でなくなった翌日の1999年10月11日の『朝日新

聞』、『日本経済新聞』の記事でも触れられている。日本経済新聞文化部の佐藤豊氏は、「評伝：仏教の『和顔愛語』貫く」に、仏教に「和顔愛語（わげんあいご）」という言葉がある。なごやかな顔とやわらかい言葉遣いのことで、仏教者としてだれにでもできる布施とされている。とはいえ、それが難しいのが人の世なのだが、中村氏は和顔愛語を生涯貫いた。代表的著作「仏教語大辞典」の原稿が関係者のミスで失われた時でさえ、怒りではなく、翌日からの再執筆でこたえた、と書いている。

5）小浜は年の割には激しい運動を週3回はやっている。体を動かしたほうが、本業の生産性にもいいような気がする。「だからお前は仕事が遅い」という悪友もいるが。

6）大来（2010）も「まえがき」で、『高度成長の時代』に感銘を受けたと書いている。この原稿執筆時点（2010年8月）、日経ビジネス人文庫でも「品切重版未定」である。『高度成長の時代』こそ「名著」というべき本だと思うのだが、小浜はやはり「少数派」か。

第 1 章

論文のテーマ探し

1 普段の心がけ——持続好奇心仮説

　学部学生のレポートの場合、たいていはテーマが与えられるから、常に自分の興味のアンテナを張って、いい研究テーマをいつも気にかけて捜す必要はないかもしれない[1]。しかし、学生でも卒論や修論、あるいは博士論文などは自分でいいテーマを捜さなくてはならない。それにはいつもそれなりに頭を働かせ続けている必要がある。それをわれわれは勝手に「持続好奇心仮説」などと呼んでいる。

　テーマは誰の回りにも転がっている。ただ個人差でそれが見える人と見えない人がいるということだけのようである。これはインテリジェンスと同じだ。「CIA（中央情報局）のインテリジェンス」という場合のそれであり、青木昌彦さんのCIA（比較制度分析）と混同しないこと[2]。情報・諜報のインテリジェンスにあっては、そのほとんどが公開情報である。要はどう有機的に関連させて理解し、その背景にあるさまざまな意図を読みとるかという問題なのだ。だからジャック・ライアンは歴史学者なのにCIAの高官なのである（トム・クランシー〔『愛国者のゲーム』『いま、そこにある危機』などを書いているアメリカの作家。ジャック・ライアンはそれらの作品の主人公：編集部〕に関心のない読者は、ここは無視してよい）。

　常に問題意識を持っていろいろネットワークを張って新聞・雑誌、論文や本を読んでいれば、いいテーマはすぐ見つけられる。官僚的に生きていては何も見えてこない。たとえばいじめ問題にしても、いじめはなかったことにしようと学校が教育委員会に報告しなかったから統計上はいじめが減った時期がある。これなど現在の文部科学省、教育界を象徴している。戦後日本の安全保障についても同じで、雨が降ると傘が必要になるから、雨が降らないことにしてしまったというのが、戦後日本の安全保障上の最大の問題である。傘（軍備）を用意すると雨が降るぞ（誰かが攻めてくる）というわけだ（椎名・岡崎 1995, 93頁）。現在（2010年9月）の民主党政権の外交政策・安全保

障政策も、目を覆うようだ。この点に関心のある読者は、谷口（2010b）を参照してほしい。

　かなり以前の事例だが、たとえば "Not so absolutely fabulous" という The Economist（November 4, 1995, p.90）の記事を見れば、「ユニット・レイバー・コストの国別比較」というテーマも面白そうだし、「ユニット・レイバー・コストと国際競争力の関係に関する回帰分析」というテーマでも何か書けるかもしれないという気がする。The Economist の記事検索は1997年からなので、The Economist の website（www.economist.com）で「Not so absolutely fabulous」で検索しても、この記事を読むことはできない。でも心配ご無用。グーグルに行って（www.google.co.jp）、「Not so absolutely fabulous」で検索すれば、一発でこの記事の pdf ファイルをとることができる。このグーグルの「便利すぎ」は、ひょっとして危ういのだろうか。この点に関心のある読者は、Auletta（2009）参照（1冊読むのはたいへんだという読者は、『文藝春秋』2010年6月号に要約あり）。

　ヨーロッパの経済危機に関心があれば、ギリシャやスペインの記事にも目が行く。New York Times の website（www.nytimes.com）を毎日チェックしていると[3]、たとえば、

　　Greek Wealth Is Everywhere but Tax Forms
　　By SUZANNE DALEY
　　　ATHENS—In the wealthy, northern suburbs of this city, where summer temperatures often hit the high 90s, just 324 residents checked the box on their tax returns admitting that they owned pools.
　　　So tax investigators studied satellite photos of the area — a sprawling collection of expensive villas tucked behind tall gates — and came back with a decidedly different number：16,974 pools.
　　　…
　　New York Times, May 1, 2010

(http://www.nytimes.com/2010/05/02/world/europe/02evasion. html?scp=2&sq=SUZANNE%20DALEY&st=cse)

という記事が目に入ってくるだろう。きっと日本の新聞でも同じような記事が出ているだろうと考えるのは当然。「はびこるワイロ・脱税、ギリシャ財政再建に障害」にお目にかかることができる。記事を検索するには「Googleニュース」も役に立つ（http://news.google.co.jp）。

「はびこるワイロ・脱税、ギリシャ財政再建に障害」
　【アテネ＝松浦一樹】欧州単一通貨ユーロ圏16か国の首脳会議は7日、ギリシャに対する1100億ユーロ（約13兆円）の協調融資を承認したが、政官の癒着富裕層の税逃れ、ヤミ市場がはびこるギリシャで、財政立て直しは容易でない。
　「この国で、高級車や豪華クルーザーを乗り回す富裕層による所得の過少申告は当たり前」とアテネの自動車部品販売業者（63）は話す。高給取りの医師が税務署にワイロを渡し、所得を免税範囲の「1万ユーロ（約116万円）以下」と申告していた例を身近で知っているという。
　アテネ郊外の高級住宅地で、プールがあると申告した世帯は3百数十軒に過ぎなかったが、税務署が上空から調べたところ、プール付きの家は1万7000軒に上った実態も報じられている。
　こうして脱税される総額は年間230億ユーロ（約2兆7000億円）に達するとされ、財政悪化の一大要因とされている。
　財政悪化は、寡頭支配の産物でもある。ギリシャでは戦後、軍事独裁下の一時期を除き、パパンドレウ家とカラマンリス家の2大政治ファミリーが交互に政権を握ってきた。両家は権力強化のため官との癒着を深め、役人の給与の大盤振る舞いに応じた。金融支援の条件として、公務員給与が凍結されたが、それでも民間の3倍の給与とされる公務員の人件費は、財政の圧迫材料だ。6日の国会審議で、パパンドレウ現首相は

「前政権時の観光相は、大臣室のカーテン代として２万9000ユーロ（約340万円）を計上した」と告発したが、政治家の放漫な財政感覚を示す例で、すぐに改まる保証はない。

　ヤミ市場の横行も問題の一つ。移民が多いアテネ中心部は、密輸入たばこが市価の３分の１でしかない１箱１ユーロ（約116円）で売られ、買い求める観光客が多い。政府は、たばこ税の増税を財政再建策の一つとしているが、「ヤミたばこ」からの税収は期待できない。
2010年５月９日01時21分　読売新聞
(http://www.yomiuri.co.jp/world/news/20100509-OYT1T00146.htm?from=nwla)

　日本もいえた義理ではないが、これらの新聞報道を読むと、ギリシャなどEUの一部の国々の財政規律は、かなり発展段階の若い「途上国」並との印象が強い。ある研究会で小浜は、「『途上国』ギリシャの財政ガバナンスといった章もあったほうがいいんじゃないの」と不用意な発言をして、予定外のペーパーを書く羽目になってしまった。どうも生来の「オーバーコミットメント」癖は治らないようだ。

　北朝鮮に関心があれば、対外債務を朝鮮人参で返したい、という記事が目に入るだろう。たとえば、

North Korea offers ginseng to pay Czech debt
By Christian Oliver in Seoul and Jan Cienski in Warsaw
Financial Times, Last updated：August 10 2010 09：32.
　Pyongyang's cash-strapped totalitarian regime has offered to settle part of its debt to the Czech Republic with a large consignment of ginseng rather than eat into its limited funds
……
(http://www.ft.com/cms/s/5a336870-a428-11df-a872-00144feabdc0,dwp_

uuid=7f5f6b12-2f66-11da-8b51-00000e2511c8,print=yes.html）

「朝鮮ニンジンで返済」チェコ受け入れへ
2010.8.14 09：48
　フランス公共ラジオは13日までに、約1000万ドル（約８億6000万円）の負債の５％を朝鮮ニンジンで返済したいとした北朝鮮の提案について、チェコが受け入れを検討していると伝えた。
　チェコのメディアによると、取引が成立した場合、同国が受け取る朝鮮ニンジンは20トンになるという。（共同）

（http://sankei.jp.msn.com/world/europe/100814/erp1008140949002-c.htm）

　相当外貨繰りが厳しいことがわかる。アメリカの経済制裁が利いているのだろうか[4]。食糧事情も相当厳しいのかもしれない。金総書記の2010年２度目の中国訪問に関連した記事（「金総書記　中国指導部と会談」『日本経済新聞2010年８月28日、６面）にも、「深刻な食糧不足映す？」という小見出しがあった[5]。

　2010年８月中旬、「日中逆転」の記事が踊ったので、いくつかの記事を読んだ読者も多いだろう。小浜は、「世界経済／企業-記事」というフォルダーをデスクトップにおいていて、さらに月ごとに分けている。「世界経済／企業-記事-2010年８月」というフォルダーのなかに、「世界第２位になった中国」というサブ・フォルダーを作っているが、そこから目に付いた記事と列挙すると、

　　David Barboza, "China Passes Japan as Second-Largest Economy," *New York Times*, August 15, 2010
　　（http://www.nytimes.com/2010/08/16/business/global/16yuan.html?_r=1&scp=1&sq=China's%20economy&st=cse）
　　Tomoko A. Hosaka, "China surpasses Japan as world's No. 2 economy,"

Washington Post, August 16, 2010（http://www.washingtonpost.com/wp-dyn/content/article/2010/08/15/AR2010081503697.html）

Lindsay Whipp and Jamil Anderlini, "Chinese economy eclipses Japan's," *Financial Times*, August 16 2010（http://www.ft.com/cms/s/935ac446-a8d7-11df-86dd-00144feabdc0,dwp_uuid=7f5f6b12-2f66-11da-8b51-00000e2511c8,print=yes.html）

Jamil Anderlini, "China's jump signals shift in global power," *Financial Times*, August 16 2010（http://www.ft.com/cms/s/14299e76-a94b-11df-9e4c-00144feabdc0,dwp_uuid=f6e7043e-6d68-11da-a4df-0000779e2340,print=yes.html）.

David Pilling, "China at Number Two ... and counting," *Financial Times*, August 18, 2010（http://www.ft.com/cms/s/0/e9d0f552-a963-11df-a6f2-00144feabdc0.html）.

西岡幸一「夢の『日米』現の『日中』逆転」」『日本経済新聞』2010年8月30日、5面。

　西岡幸一のコラムの趣旨は、バブルがはじけた頃（1991年）、「日本のGDPがアメリカを抜いて世界一になるかもしれない」という議論があった、というものだ。David Pillingのコラムは、東京に住む友人から「ナンバースリーの日本からのご挨拶」というタイトルのe-mailを受け取った、と始まり、購買力平価ベースのGDPでは、すでに10年近く前に中国が日本のGDPを上回っていたことにも触れている。

　こういう記事を読むと名目価格・名目ドルのGDPと購買力平価の日中GDPを比較したくなるだろう。実証については第4章で説明するが、くわしくは『経済論文の技法』（小浜 2009）を見てほしい。『経済論文の技法』を書いたときと比べ楽になったのは、世界銀行（世銀）のWDI（(World Development Indicators）などの電子データが、2010年から無料になったことだ。

　最近の円高に関する報道では、必ず「空洞化」の見出しが躍る。たとえば、

「主要製造業、海外生産を拡大：増す円高耐久力国内は空洞化も」（『日本経済新聞』2010年8月23日、3面）とか、「円高　企業利益奪う：国内空洞化拍車も（世界デフレの影2）」（『読売新聞』2010年8月25日、9面）といった具合だ。15年前なら、「空洞化深刻　製品別ここまで進んだ空洞化」（『エコノミスト』1995年11月14日）という記事もあった。

　少しでも国際貿易を勉強した読者なら、このような記事を読むと、日本のカラーテレビやVTRの海外生産の推移をプロダクトサイクル論で分析するというアイディアもすぐ浮かぶだろう[6]。かつてはVTRもハイテク製品だったのだ。日本からのVTRの急増が日欧貿易摩擦になったこともある。どこの家庭にも昔のVHSのビデオデッキがあるだろう。でも、これからVHSのビデオデッキを買う人はいない。いまや、薄型テレビのなかにハードディスクがあり、そこに録画するなり、ブルーレイ・ディスクに録画する時代なのだ。ちなみにVTRというのは和製英語で、家庭用のビデオは普通VCR（ビデオ・カセット・レコーダー）という。これも普段英語の新聞や*Business Week*など英語の雑誌を読んでいれば、ひとりでに気がつくことだ。昼休みを無駄に使わずに、食後の時間に大学や近くの図書館で英語の新聞や雑誌を読む習慣をつけるといい。

2　まめに生きよう

　ボーイフレンドやガールフレンドとうまくいくためには、もちろん個人の魅力や相性もあるが、「まめ」であることも大いに必要だと思う。レポートや論文も同じで、ちょっとした手間を惜しんでは、いいものは書けない。以下ではこの点を、アイディアのメモ、情報メモ、ノート、参考文献、使うかもしれない図表、下線引きに分けて考えて見よう。ここでは、われわれのように（「歩くオーバーコミットメント」すなわちみずからの能力も顧みずにいろいろな仕事を引き受ける人たちのこと）いろいろな仕事や興味が並行して進んでいる場合も含めて普段の心がけをまとめてみたい。学生諸君でも若い研究者

でも、あるいは企業から役所の白書担当部門に突然出向になった人たちでも、いくつかのテーマのレポート、報告書を並行して進めなくてはならない場合も多いと思うからだ。

アイディアのメモ

　人間の記憶はとてもうつろいやすい。ちょっといい考えが浮かんでも次の瞬間には消えてしまう。何かいいアイディアが浮かんだら、すぐ何かに書き留めなくてはいけない。こればかりはパソコンで、というわけにはいかない。5秒も経てば忘れてしまうから、常に何かを書き付けることができる紙（手帳でも、カードでも、チラシの裏でも何でもいい）を持っていることは当然の常識で、ベッドサイド、トイレ、いろいろな場所にメモ用紙と鉛筆・ボールペンを置いておかなくてはいけない。風呂にメモ用紙と鉛筆があってもおかしくないと思う（家族に嫌われる場合は自分が入るときだけにしよう）。いらなくなった片面コピーの紙などはほぼ無限にタダで手に入るだろう。

　世界中を見渡せば、いまでもノートや紙がなく、石版で勉強している子どもがたくさんいることに思いをいたすことは大切だが、利用できるいい環境は活用すべきだ。A4の紙を四つに切ってクリップで留めれば立派なメモ用紙になる。

　以下で述べるアイディアのメモ、情報メモ、ノートをひっくるめて「ノート」という場合がある。寺西（1995）のいう「以来、債務問題に関して収集した資料と作成したノートの数はふえる一方であったが、当初の疑問に答を用意し、本書の上梓にこぎつけるまで10年余の年月を要した」（199頁）という場合はアイディアのメモ、情報メモ、ノートをまとめてノートといっているようだ。以下では少し細かく分けて考えてみたい。

　もちろん、上で述べた手近な紙に書いた「ふとした思いつきのメモ」も、まめにパソコンに向かってきちんとしたアイディアにしファイル化しておくべきことはいうまでもない。

情報メモ

　情報メモというのはちょっとした数字や事実のメモのことである。何となく知っていることでもきちんとファイル化しておかないと、いざ急いで論文を書こうとするとき、たった一つのことでえらく時間がとられることがある。

　たとえば、東欧の市場経済化に関する論文を書いていたとしよう。チェコのOECD加盟についてちょっと触れたいと思ったとき、さてそれがいつだったか思い出せないことはよくある。いまでは「チェコ」とか「OECD」で検索してやれば、瞬時に膨大な情報が画面に現れる。多くの場合、ウィキペディアが最初に出てくるが、まちがっていることもある。国の情報の場合、小浜は日本外務省（www.mofa.go.jp）やCIAのWorld Fact Book（https://www.cia.gov/library/publications/the-world-factbook/）を利用することが多い。

　外務省のホームページに行くと、「各国・地域情勢」という項目があるので、そこをクリックすると世界地図が出てくる。さらに「ヨーロッパ」をクリックすると、国名が出てくる。「チェコ」をクリックし「基礎データ」に行くと、「1995年12月に移行経済国として初めてOECD加盟」、「1999年3月にNATOに加盟」、「2004年5月1日にEU加盟」といった情報がすぐ手に入る。

　海外直接投資に関心があるとしよう。これも「海外直接投資」、「Foreign Direct Investment」などのキーワードで検索すればいい。いろいろな機関が、関連するレポート・統計を出していることがわかる。日本語がいいというなら、財務省やJETROがレポート・統計を出しており、簡単にアクセスすることができる。

　財務省では「対外及び対内直接投資状況」というページで直接投資の統計を取ることができ（http://www.mof.go.jp/1c008.htm）、JETROでは「直接投資統計」というページでデータをとることができる（http://www.jetro.go.jp/world/japan/stats/fdi/）。また、JETROは毎年「貿易投資白書」を出している。2010年版からタイトルが、『ジェトロ貿易投資白書』から『ジェトロ世界貿易投資報告』と変更され、全文をウェブサイトで公開している（http://

www.jetro.go.jp/world/gtir/）。2010年版『ジェトロ世界貿易投資報告』のサブタイトルは、「海外市場の新たなフロンティア開拓に向けた日本企業のグローバル戦略」である。

OECD は Directorate for Financial and Enterprise Affairs が直接投資のデータを公表している（http://www.oecd.org/statisticsdata/0,3381,en_2649_34863_1_119656_1_1_1,00.html）。UNCTAD のデータベース（Foreign Direct Investment database: http://www.unctad.org/Templates/Page.asp?intItemID=1923&lang=1）や年報（*World Investment Report*）も便利だ。*World Investment Report* は執筆時点（2010年9月）で1991年から2009年までとることができる（http://www.unctad.org/Templates/Page.asp?intItemID=1485&lang=1）。

どこにどういう情報があるかを、自分の関心分野だけでもまめに見ておくことが大切だ。細切れの時間に、直接投資であれ、世界の外貨準備であれ、関心分野の情報を「ネット・サーフィン」しておくのもいいだろう。好きな音楽でも聞きながら、まめに細切れの時間を活用しよう。小浜の場合、原稿が進まないとき（しょっちゅうある）、新聞や雑誌の記事の電子情報をファイルしていることも多い。

ノート

論文や本を読んで何かに使えそうだと思ったら、まめにノートやカードを取ることは大切なことだ。どの範囲までノート、カードを取るかは個人の守備範囲による。このことは本書で何度も繰り返し述べるが、手書きのノート、手書きのカードはやめるべきだ。ハードディスクなり USB メモリーなりにノートが保存されていれば、いつでも簡単に見つけることもできるし、引用することもできる。ハードディスクは壊れたら痛手が大きいという意見もあるだろう。しかし、ノートをつくったら、必ずそれをプリントアウトしてファイルするようにすれば、同じことだ。その段階で手書きのノートやカードよりも優れていることは一目瞭然である。

たとえば戦後日本の経済復興、高度成長に関心があるとしよう。以下はそ

れに関連してある本を読んだときの小浜のノートの一部である。この本に関する小浜のノート自体は2000字以上あるが、一部をここに再現してみよう。

小林英夫・岡崎哲二・米倉誠一郎・NHK取材班『「日本株式会社」の昭和史　官僚支配の構造』日本放送出版協会、1995年6月20日、261頁。

159頁
　　当時日本開発銀行の理事としてこの融資決定に強力に働いた中山素平氏は、……「私は川崎製鉄の溶鉱炉建設が、八幡、富士など他の鉄鋼メーカーにもよい刺激と励みになると考え、融資決定に賛成していたのですが、日本開発銀行総裁の小林中さんに呼ばれて、一万田君が反対しても融資しよう、ただメインバンクの第一銀行が迷惑だというならやめるというので、私が酒井杏之助さん（1951年［昭和26年］、頭取就任）に聞きにいったら、第一も協力しますとのこと。それで開銀融資も決定したのです。結果は考えたようになりましたね。」

　これは、小浜・渡辺（1996）の109頁に引用した。これは次項の守備範囲だが忘れないうちにいっておくと、このように文献を引用したら、必ずそのときすぐに、論文や本の参考文献ファイルにその論文のタイトルなど必要事項をきちんと入れておくべきだ。いい加減なメモではいけない。
　「あとでまとめてやろう」はたいていの場合失敗の元だ。世の中には例外はあるだろうが、学生もプロも多くの場合、原稿ができるのは締切ギリギリになる。そのときにすべて原稿を読み直し、参考文献をきちんとつくるのは想像以上に時間がかかる。われわれの友人であるT大学のH教授は、本の内容はいいのに参考文献がめちゃめちゃ（たとえば本文中に著者と発行年があるのに、後ろの参考文献にそれが載っていない）でえらく使いにくかった記憶がある。
　本や論文を読むとき、ここは引用してやろう、あるいは注をつけてやろう

と思って読むわけではない。それでも自分の関心に照らして、ノートをとっておいたほうがいいと思うところは最低限、まめにノートをとるべきだ。もちろんここでまちがっても、ノートをとることそれ自体が目的化してしまってはいけない。それこそ本末転倒である。論文においてもっとも大切なことは、いうまでもなく自分の意見や自説を読み手に論理的かつ説得的に訴えることなのだ。

われわれは経済学者あるいは経済学者もどき（これについては最後の「小浜の極論」でふれるつもり）だが、日本の政治の将来にも一知識人として大いに関心を持っている。いわゆる「無党派層」が国を誤る可能性も懸念している。この問題について何か書くことはおそらくないと思うが、やはりノートがある。

伊藤昌哉「無党派層が国を滅ぼす」『Voice』1995年11月、84-92頁。

91-92頁
　無党派層が、今の政治はけしからんと無邪気に批判し、独自の投票行動をとったことが、（1995年７月参院選での）旧公明党突出のダメ押し効果となったのである。しかも、そういうことになっているのを彼らは意識していない。
　無党派層は統一地方選挙では青島・ノック現象を生んだ。（92頁）そして参議院選挙では公明党に権力の足場を与えた。……自覚のないこの主役たちの行動によって日本の政治の運命が決まるのは、まさに恐るべき現象である。
　いままでは、政治において「民の声は神の声であった」……
　ところが、その判断が、無党派層という人々によって狂わされている。……これは非常に危険だ。
　政治不信と政党不信は「民主リベラル政治の終焉」と「特定集団の独裁制」によって払拭される。これは歴史の法則である。ワイマール憲法

下のドイツの後のヒトラーの台頭は、その象徴だろう。……

　このまんま無党派層が主役であり続けるならば、日本は確実に悪い方向へいく。経済は伸び悩み、外交的には安保問題、通商摩擦などを抱えた日米関係をどうするのか、中国との付き合いをどうするのか、など日本には解決しなくてはならない難問が山積している。こうした時代にこそ「哲学を持った」安定した政権が必要である。にもかかわらず……日本の進路を見据えた真の政治家も政党もなくなった。国民が政治から目を背け、時代に流されているという意味では、第二次世界大戦前の日本によく似ている。

　いまの日本に必要なのは、マスコミの報道やイメージにとらわれない「確かな眼」を持った有権者だ。「あなたは無意識に自分の首を絞めているのも同然なんだ」と誰かが知らせなければならない。……

　もし、自民党が本当に変わろうとするなら、無党派層が心中密かに舌を巻くような変わり方をすることだ。この変わり方の基準は、自分の権力欲を捨てて国家（無党派層）の立ち行きをひたすら追求せんとする願いの固まりとなった政治家と政党の誕生である。「欲を捨て、願いをもて」「そしてそのとおり行動してみよ」、権力は自ずとそこに集まるだろう。……

参考文献

　仕事の分野によるのかもしれないが、参考文献もまめにシステマティックにファイル化しておこう。伝統的な紙のカードでもいいが、データベースソフトでもワープロソフトでもいいので、電子情報にしておくべきだ。「変な」はしがきでも書いたが、紙のカードによる文献なら、1～2枚なくなることはあっても、1回のミスですべての情報が失われることはない、という「旧石器人」の批判に対抗するには、USBメモリーや別のハードディスクなどにまめにバックアップをとることと、プリントアウトすることで、電子カード派の勝利は確定的である。われわれは試したことがないので何ともいえ

ないが、文献専用データベースソフトがあって、論文を書きながら本文の文献のところをマークするだけで指定したフォーマットで参考文献が一挙にできるようである。そのようなソフトを面白がって使うのも、気分転換にはいいだろう。でも肝心なことはいい論文を書くことだ、ということを忘れてはいけない。

　ワープロで文献ファイルを作ることは何でもない。論文や本を読むたびに、著者のアルファベット順に、文献ファイルに追加していけばいい。ここで忘れてはいけないことは、本や論文を全部読まなくても、「何か将来使えそう」あるいは「将来使うだろう」と思う文献はまめに、入力しておくことである。ラジオを聴きながら、音楽を聴きながら入力、というのも気分転換になるだろう。その意味では、テレビでスポーツ番組を見る代わりに同じ中継をラジオで聴くというのも時間の有効利用につながる。何度もいうが、まとめてやろうとしてはいけない。読むたびに、あるいは眺めるたびに入力すべきだ。何もすべて手で入力する必要はない。「電子ジャーナル」にアクセスできるなら、読んだ論文の「引用情報」をコピーするだけでいい。

図表

　使えそうな、あるいは使うかもしれないデータがあったら、めんどうがらずにパソコンに入れてしまおう。関心のあるデータについては、面倒がらずにハードディスクに入れてしまうほうがいいだろう。しかし注意しなくてはいけないことは、何のストーリーもなく、研究目的も考えずにやみくもに図表をつくるのは無意味だということだ。ここでも重要なことはバランス感覚である。学生諸君は、先生や先輩とよく相談して、研究の方向をある程度見定めてから、図表作りにかかるほうがいいと思う。

　以下われわれがやっていることの一例を紹介しよう。われわれは戦後日本の経済構造変化に関心を持っている〔たとえば大川・小浜（1993）；小浜・渡辺（1996）；小浜（2001）；Kohama（2007）などを参照〕。そこで、新しいデータが出るたびに、製造業の構造変化や日本の輸出構造の変化の表を更新している。

表1-1は戦後日本の製造業の構造変化を見た表である。基本的には経済産業省が出す『工業統計表（産業編）』を使ったが、『日本統計年鑑』（総務省統計研修所編）にも一部が再録されており、概観するにはそれで十分である。工業統計の場合は、『工業統計速報』という速報値が出るので、それが出た時点でいつも1年分、数字を更新している。もちろん確定値が出たとき、数字を修正することを忘れてはいけない。このような作業は、道路でいえばメインテナンスのようなものである。こまめにやればいつまでも役に立つ情報をわれわれに与えてくれる。

　もちろん、昔のように図書館に行って大きな統計表をひっくり返す必要はない。「政府統計の総合窓口」（http://www.e-stat.go.jp/SG1/estat/eStat Top Portal.do）に行って、「主要な統計から探す」をクリックして「鉱工業」の「工業統計調査」に行くと、くわしい工業統計のエクセル・ファイルなどの電子データをとることができる。執筆時点で得られた工業統計の最新データは、2010年3月23日に公表された「平成20年工業統計速報データ」である。中分類でも2008年の工業分類は、2007年までの分類と異なっている。

　輸出構造は基本的には財務省の「貿易概況」くらいのまとまった統計のほうが見やすいと思うが、これも『日本統計年鑑』で十分だろう。『日本統計年鑑』は総務省統計局のwebsite（http://www.stat.go.jp/data/nenkan/）で、すべてエクセル・ファイルでとることができる。これを見るとそれだけで日本の主要統計は網羅されており、さらに原資料の説明もくわしく付いているのでとても便利だ。新しいデータを見るには「総合統計データ月報」が便利である。『日本統計年鑑』の「月報版」だと思えばいい。これも総務省統計局のwebsiteでとることができる（http://www.stat.go.jp/data/getujidb/index.htm）。時間があるときに、『日本統計年鑑』や「総合統計データ月報」でどのようなデータをとることができるか、見ておいたほうがいい。ランチのあとに、図書館で『日本統計年鑑』をぱらぱらめくってもいいだろう。

　表1-2は戦後日本の輸出構造の推移を見たものである。繊維輸出のシェア、鉄鋼輸出のシェアなど印象的な数字が並んでいる。1954年には日本の輸

表1-1 戦後日本における製造業の構造変化

(％, パーセント・ポイント)

年	1950	1955	1960	1970	1985	2000	2007	2007-1950	2007-1955	2007-1960
食料・飲料・たばこ	13.8	17.9	12.4	10.4	11.0	11.6	10.2	-3.6	-7.7	-2.2
繊維	21.4	16.2	11.2	6.4	3.1	1.0	0.7	-20.8	-15.5	-10.5
衣服・他繊維製品	1.7	1.3	1.2	1.4	1.4	1.2	0.6	-1.1	-0.7	-0.5
木材・木製品	3.7	4.1	3.5	3.2	1.6	1.1	0.8	-2.9	-3.3	-2.7
家具	0.7	1.0	1.0	1.5	1.1	1.0	0.7	0.0	-0.3	-0.4
紙パルプ	4.0	4.2	3.9	3.3	2.8	2.6	2.3	-1.7	-1.9	-1.6
出版・印刷	2.9	3.3	2.5	2.9	3.4	4.3	2.1	-0.8	-1.2	-0.5
化学製品	11.9	11.0	9.4	8.0	7.7	7.8	8.4	-3.5	-2.6	-1.0
石油石炭製品	1.4	1.9	2.4	2.6	4.8	6.6	7.8	6.3	5.8	5.4
ゴム製品	2.4	1.4	1.5	1.1	1.1	1.0	1.1	-1.4	-0.4	-0.4
皮革・同製品	0.7	0.6	0.5	0.5	0.4	0.2	0.1	-0.6	-0.4	-0.3
窯業・土石製品	3.5	3.4	3.5	3.6	3.3	3.0	2.5	-1.0	-0.9	-0.9
鉄鋼	9.6	9.6	10.6	9.5	6.6	3.9	6.3	-3.3	-3.3	-4.3
非鉄金属	4.2	4.1	4.3	4.4	2.4	2.0	3.2	-1.0	-0.9	-1.1
金属製品	2.8	3.2	3.9	5.4	5.0	5.1	4.5	1.7	1.3	0.6
一般機械	4.2	4.7	7.8	9.9	9.2	10.0	10.8	6.6	6.0	3.0
電気機械	2.6	3.7	8.3	10.6	15.3	19.6	16.4	13.8	12.7	8.1
輸送機械	5.9	5.5	8.5	10.5	13.5	14.6	19.0	13.1	13.5	10.5
精密機械	0.8	0.8	1.1	1.3	1.6	1.4	1.3	0.4	0.4	0.2
その他製造業	1.6	2.0	2.5	3.6	4.6	1.8	1.4	-0.2	-0.6	-1.2
軽工業	41.3	40.4	29.3	22.8	18.2	15.9	13.0	-28.4	-27.5	-16.3
機械工業	13.6	14.8	25.7	32.3	39.6	45.6	47.5	33.9	32.7	21.7

資料：小浜・渡辺 (1996, 17頁)：『戦後の工業統計表』『工業統計表』, 各年。

注：出荷額シェア。最後の3列はシェアの変化分 (パーセント・ポイント)。軽工業は上から5産業の合計。機械工業は, 一般機械, 電気機械, 輸送機械, 精密機械の合計。

表1-2 戦後日本の輸出構造変化

(%)

年	1953	1954	1955	1960	1965	1975	1985	1995	2000	2009
輸出総額	100.0	100.0	100.0	100.0	100.0	100.0	100.0	100.0	100.0	100.0
食料品	9.4	7.6	6.3	6.3	4.1	1.4	0.8	0.5	0.4	0.7
繊維	36.1	40.3	37.3	30.1	18.7	6.7	3.6	2.0	1.8	1.1
織物用繊維	n.a.	n.a.	2.9	2.0	1.8	0.8	0.4	0.3	n.a.	n.a.
織物用糸	n.a.	n.a.	29.1	22.7	13.5	5.2	2.8	1.6	n.a.	n.a.
衣類等	2.9	3.4	5.3	5.4	3.4	0.6	0.4	0.1	0.1	0.1
化学製品	5.7	5.5	5.1	4.5	6.5	7.0	4.4	6.8	7.4	10.4
非金属鉱物	4.9	4.6	4.6	4.2	3.1	1.3	1.2	1.2	1.2	1.3
金属・金属製品	15.1	15.6	19.2	14.0	20.3	22.4	10.6	6.5	5.5	7.3
鉄鋼	10.9	10.3	12.9	9.6	15.3	18.2	7.8	4.0	3.1	5.4
非鉄金属	n.a.	n.a.	3.3	0.6	1.4	1.0	0.8	1.0	1.1	0.5
金属製品	n.a.	n.a.	3.0	3.8	3.6	3.2	2.0	1.6	1.3	1.4
機械機器	15.9	13.5	13.4	25.5	35.2	53.8	71.8	74.7	74.3	50.8
一般機械	n.a.	n.a.	n.a.	n.a.	7.4	12.1	16.8	24.1	21.5	17.9
電気機器	n.a.	n.a.	n.a.	n.a.	9.2	11.0	16.9	25.6	26.5	18.7
輸送用機器	n.a.	n.a.	n.a.	n.a.	14.7	26.1	28.0	20.3	21.0	11.3
精密機械	n.a.	n.a.	n.a.	n.a.	3.9	4.7	10.1	4.7	5.4	2.9
その他	12.9	13.0	14.0	15.3	12.1	7.4	7.7	8.2	9.5	28.4

資料：小浜・渡辺 (1996, 24頁)：『日本統計年鑑 (2000年)』；『総合統計データ月報』。

出の4割が繊維工業製品だったのが、いまでは1％、鉄鋼輸出も1975年には18％もあったが、いまや5％である。鉄鋼業は典型的な中進国的工業なのだ[7]。

小説を読むときも線を引け

　小説を読むときもいつもボールペンや鉛筆をもっていつでも線を引けるようにしておくべきだ。ただし自分の本やコピーの場合であるが。図書館の本に鉛筆で黒々と、あるいは赤ボールペンで平気で線を引く人がいるが、それはルール違反だ。どうしても図書館の本に印を付けたいときは鉛筆で薄くつけて、返すときには消すくらいの配慮が必要である。線を引きにくいときのために、小浜は小説の最後のページに小さい付箋を15枚くらい貼り付けておき、線を引きたいところに貼り付けることもある。

　ここでのノウハウは、線を引いた箇所のうち、記憶に留めたいページは、その本の表紙なりどこでも自分で決めてページを書いておくことである。これは谷沢永一（文芸評論家、書誌学者。著書に『紙つぶて』など：編集部）もどこかに書いていた。いや、ひょっとすると彼に影響されてそうするようになったのかもしれない。

　いま手元にある小説（トム・クランシー、田村源二訳『日米開戦（上巻）』新潮文庫、1995年）を見ると198頁、223頁と書いてある。そこでためしに198頁を開けるとそこには「慈善的援助というものは、成功したときでさえ、愛国者には重荷になりうる」とあり、隣のページには「アメリカ？　たかが二百年の歴史しかない国じゃないか。成り上がりの国。やつらはアレキサンダー大王やジンギス・カーンと戦ったことがあるか？」というところに線が引いてある。

　借りた本の場合は線が引けないから、少なくとも線を引きたい箇所、あるいは少なくともページだけは記録しておくべきである。自分の本でも、よくなくなるので、保険の意味でこのような記録をメモしている。

3 二つの思考

議論をしよう

　先生や先輩、仲間と議論することはとても重要なことだ。自分一人で考えていてどうしても突き破ることができない問題が解けることもあるし、解決のヒントを議論のなかから得ることもできる。

　しかしここでまちがえてもらっては困ることは、何も考えずに議論すれば何かいいアイディアが浮かぶ、というほど世の中あまくないということだ。何かあると「ブレーンストーミングをやろう」という人がいたが、準備しないブレーンストーミングはほとんど時間の無駄である。本来夜も寝られないくらい考え、同じ問題を考え抜いた人が集まって議論するから、ブレークスルーできるのである。まったく何も考えずに集まるのは論外だが、一つの問題についていろいろなメモを持ち寄って議論することは役に立つと思う。

　話は変わるが、研究会などで恐ろしい思いをすることもときには必要だ。H大学のT教授が研究会で報告していたところ、A大学のH教授が「T君、いまの所もう一度説明して」といわれ、再度説明したところ、「そこまちがっている」といわれ、そのあとまったく報告できなかった、という場面に居合わせたことがある。このような怖いことを経験することも、研究の進歩には、ときにはいいことだろう。

オリジナリティー

　独創性というと西澤潤一教授の顔が頭に浮かんで少々恐ろしくなるが、何か著者の original な部分、original thinking にもとづく記述がなければ、良い論文・レポートとはいえない。これはたとえ学部のレポートや卒業論文であってもあてはまると思う。自分の主張したい点がはっきり前面に出るように書くべきである。

　西澤教授でわれわれが思い出すのは、かなり前にNHKで放映された西澤

研究室のドキュメンタリーである。大学院生か若い研究者が、前に先生からいわれた実験なり研究がどうなったかと聞かれ「まだやってません」と答え、えらい勢いで怒鳴られている場面だ。西澤先生曰く「研究というのはそれが進むことによって人類が進歩する、といったものである。おまえの研究が遅れることはそれだけ人類の進歩が遅れることだ！」というだ。開発経済学者として西澤先生をまねしていわせてもらえば、「われわれの研究が1日遅れることは、サブサハラ・アフリカの子どもが幸せになれるのを1日遅らせることだ」ということになろうか。われわれはあまり自信がないのだが……。

　しかし一方で、オリジナリティーはただの「思いつき」とはまったく異なる、ということを忘れてはいけない。蓄積があって初めてなにか意味のあることを考え出し、それを発展させることができるのだ。

　学部レベルでどうやってオリジナリティーが発揮できるのかと不安に思う人もいるかもしれない。独創性といっても、何もノーベル賞級のそれが要求されるわけではない。既存論文のレビューが目的ならば自分なりの切り方で問題を整理し直してみるとか、実証研究ならばみずからデータを加工し既存論文の結果を異なったデータセットで確認してみるといったことは、十分オリジナリティーのある仕事だといえる。この点に関心の読者は、Easterly, Levine, and Roodman（2004）を読むと面白いだろう。みずから頭と手を動かした論文・レポートと、誰かの論文の切り貼りをしただけの論文・レポートとでは、その差は一目瞭然だ。

じっくり思考とひらめき思考

　確か野口悠紀雄氏の『超整理法』（野口 1993）にも似たようなことが書いてあったと思うが、論文を書く際に用いる思考には2種類のものがあるようだ。一つは、長い論理の鎖を扱う思考（じっくり思考）である。これは、たとえば数式を用いて定理の証明をするとか、考えておいたアイディアを文章に起こすときなどの思考パターンだ。演繹的に論理の鎖もしくはブロックを整合的に組み立てていく思考である。ここでは、なるべく他の邪念を絶って、

人と話もせず、電話も取らず（FAXや電子メールで連絡し、できるだけ電話はしないという野口説に賛成）、論理の流れがとぎれないように一定時間以上机またはパソコンに向かってそのことだけに集中しなければいけない。

　もう一つは、単発の論理のひらめきを得るための思考（ひらめき思考）である。こちらは、机から離れて仕事からちょっと距離を置き、頭を冷やしてみたときに生まれるようだ。散歩しながら、音楽を聴きながら、あるいは電車に乗りながらでもできる。他の仕事をしているときに思いつくこともある。新しいリサーチ・アイディアはたいていこの種の思考のなかから生まれてくるし、じっくり思考で行き詰まってしまった部分を突破する糸口も見つかったりするものである。ただし、このひらめき思考から出てくるアイディアは短い単発の論理からなるものがほとんどであり、その中身も玉石混淆である。したがって、これまで何度も書いているように、せっかく思いついたものは忘れぬようすばやくメモし、そのあとに机に向かって使えるアイディアかどうかチェックしなければいけない。

　昔の知識人がよく散歩したことは知られているし、軽い運動、とくに足を使うと、このひらめき思考が有効に行なえるという説もある。しかし、時間の使い方があまり有効とはいえないわれわれは、優雅に散歩するというわけにもいかないので、やむなく移動の電車や出張中の飛行機のなかなどでこれを行なっている（飛行機のなかでは酔っぱらっていることも多いのだが）。

　この二つの思考のどちらも欠くことができない。「じっくり思考」で行き詰まるところまで行って苦しんだ後でなければ有益な「ひらめき思考」はできないし、逆によいことをひらめいても「じっくり思考」で詰めなければモノにはならない。この二つをうまく組み合わせることが仕事の質・効率性を高め、また精神衛生上もよいのだろう。また効率性を高めるためには、二つ以上の仕事を並行して行なうことも有効な場合がある。われわれの「歩くオーバーコミットメント」を正当化しようというわけではない。

1）小浜は、学部で「現代アメリカ論」という講義を持っているが、そのレポートは、南北アメリカの経済に関連していれば、受講生の自由にしている。ただしレポートは、日本語か英語で書かせている（何語でもいいなどというと、南米からの留学生がスペイン語で書いてきたりすると読むのに時間がかかるから）。2010年度前期のレポートは、「インドとアメリカ：IT 産業、米印核協力」というのもあれば、「Growth and trade policy in Latin America—Comparing with East Asia」やら、アルゼンチン経済について書いた学生もいた。
2）比較制度分析（CIA：Comparative Institutional Analysis）については、青木（1995）、青木・奥野（1996）、Aoki（2001）などを参照。青木・奥野（1996）の「序章」がわかりやすいかもしれない。
3）登録しておくと、毎日 e-mail で主要な記事のリストが送られて来る。
4）アメリカ政府は、イラン、北朝鮮などの経済制裁に関連して「カネに色をつけ」ている。「カネに色をつけ」ているのは、アメリカ財務省外国資産管理局（OFAC：Office of Foreign Assets Control）。この点については、谷口（2010a,「文庫版への補論」, 271-275頁）参照。
5）国民が腹を空かすということは、独裁者にとっても危険なことだ。『北辰群盗録』（佐々木 2009）で佐々木譲は、「空腹は、人を離反させる。不満を増殖させる」と書いている（431頁）。
6）プロダクトサイクル論については多くの国際経済学の教科書に説明がある。たとえば山澤（1998）は第4章で雁行形態論といっしょに説明を加えている。
7）産業発展に関心のある読者は、小浜（2001）、Kohama（2007）などを参照。

第2章

では執筆にとりかかろう！

1 書き始める

とにかく机に向かおう

　一部の例外的な人たちを除き、卒論を書いたりレポートを書いたりするのは誰でもいやなものだ。一応それを本業として商売をしているわれわれなどもそうだ（「一応それを本業」と書いたのは、われわれが本当にプロの経済学者かどうか100パーセントの自信がないからだ。大学の教師がすべて学者だと思ったら大まちがいである。この点については第7章の「小浜の極論」参照）。多くの著作を遺した作家も、毎年5冊も6冊も本を出す経済学者も、みんな苦しんで書いていると思っていい。

　ある人がサマセット・モームに「あなたのような小説家になると、文章が書けなくて困るなんてことは全然ないのでしょう」といったところ、モーム先生答えて曰く「とんでもない。書けなくて書けなくてということがしょっちゅうだ」。さらにそういうときはどうするんですかと聞かれ、「何はともあれタイプライターに向かい（いまでいえばパソコンに向かって）、何か小説らしき文章が思い浮かぶまで、Somerset Maugham、Somerset Maugham、Somerset Maugham、……と打ち続ける」と答えたそうだ（サマセット・モームはイギリスの作家。『月と6ペンス』『人間の絆』など、多くの小説を残した：編集部）。

　あのモームにしてそうなのだから、われわれが書けなくても絶望することはない。何はともあれ、机に向かって、あるいはパソコンに向かって、何かを書き始めることだ。

　前章にも書いたように、思いついたことはまめにメモにする。1段落でもいいし、極論すれば1行でもいい。同じような内容のメモが重複してたくさんできても気にしない。重複するということは、自分がそれだけ大事だと思っている証拠だ。そういったメモがたくさんできれば、その一部を最終原稿に使える場合もある。メモのなかには仮説的な図が入っていてもいいし、表

があってもいい。定説ではこうだが、本当はこうではないか、といった新しい仮説の思いつきでもいい。

　机に向かったって書けないときは書けないよ、というのなら、机に向かって書けなくてもいいじゃないか。パソコンに電源を入れ、いま書いているワープロ画面を呼び出す。それだけでも違うはずだ（このくらい楽観的じゃなきゃこの世の中生きていけない）。そのうちスクリーンセーバーになって画面にトースターが飛び始めてもほっておく。好きな音楽でもかけて、好きなエッセイを読むのがいい。好きな音楽？　美空ひばり、カザルスの小品。エッセイは塩野七生か山口瞳（このあたりは小浜趣味）。実をいえば、この項は、全然仕事がしたくなくて（いつものことだが）五輪真弓を聞きながら山口瞳（山口 1993）を読んでいるうちに思いついたのだ。

何はともあれ書き始めよう

　第1章で述べたように、前もってメモを作り、必要になるであろう図表を事前に作り、準備万端、さらさらと原稿を書く（ワープロを打つ）という人は、少ないだろう。われわれもそうできたらどんなにいいだろうといつも思っている。

　われわれ凡人は、いつも「もう少し早く始めれば」と毎回後悔するものだ。では、どうすればいいか。とにかく1行書くことだ。論文の第1行でもいいし、メモでもいいし、とにかく書く。机に向かうのがいやなら、寝っころがってでもいいから、何か書く。パソコンに向かうのが望ましいが、それもできないなら、紙に何か書く。折衷案もあるようだ。前にも書いたように、木村は寝っころがってノートパソコンで書くのもまたいいものだ、などといっている。

　場所も方法も格好も問わない。とにかく1行でも書け。正月に朝から酒を飲みながら手近にあった紙に殴り書きしたメモでもいい。家人には不評だが、小浜の家では、書斎だけでなく、いくつかの部屋に計算用紙と称して不要になったA4片面コピーの束がぶら下げてある。われわれのような商売をして

いると、研究会などでそのときだけ必要な資料が大量に残る。その裏を活用するというわけだ。自分の気に入ったサイズに切って、クリップなどで留めていつもポケットに入れておくのもいい。パソコンの前まで行くのがいやなときはそれにメモする。

　論文であれ本であれ、書き始める前にやるべきことは、たとえラフでも全体のアウトラインを書くことは当然である。それに分析の核心的な部分もできるだけ形が見えていることが必要だ。理論のペーパーでも実証分析でもこのことは同じである。もちろん、書いていくうちに節が一つ増えることもあるだろうし、分析の中心的な部分の追加はあるだろう。こういった目処が立ったら、いよいよ「執筆作業」開始だ。

　何はともあれ書き始めることができたら、めでたしめでたし。なにしろ論文執筆というマラソンレースのスタートを切ったのだから。スタートを切ったからといって目標タイムでゴールできるというものではないが、スタートしないことにはゴールできないことは確かなのだ。

　書き始めたらまず「イントロダクション」を書くといい。頭で考えていることとそれを文字にすることとは雲泥の差がある。「頭のなかでは自分の書きたいことがあるのですが、それをうまく書けません」という学生がいる。書けないということは「自分の書きたいことが実はわかっていない」ということだ。英語を読ませて「意味はわかるんですが、日本語にできません」という学生と同じである。意味がわかっていて日本語にできないことなど絶対にない。日本語にできないということは、意味がわからないということだ。論文も同じ。「イントロダクション」、「はじめに」できちんと自分の問題意識が書けないのは、問題意識が曖昧な証拠である。だからわれわれはできるだけ早く卒論の問題意識をきちんと書いたメモを提出するように、ゼミの学生に口を酸っぱくしていっている。

　論文を書き始めるとき、あるいは書いている途中でも、ファイルを開けてそこに入っているメモに目を通す。ファイルには二つの意味がある。一つはパソコンのファイルであり、もう一つは昔からある物理的なファイル、書類

綴じ、バインダーのことである。さらにそのパソコン上のファイルを収納するのがフォルダーである。

　小浜の原稿に関連したフォルダーには、基本的には五つのサブフォルダーが入っている。草稿、最終稿、図表、通信、資料の五つである。本の場合は章ごとに、これらの五つのサブフォルダーがある。草稿のサブフォルダーにはメモと原稿の仕掛かり品といったファイルを入れる。それぞれ「草稿／2章-作法第3版」、「図表／2章-作法第3版」といった名前が付いている。「草稿／2章」だけではいけない。われわれの場合、いくつかの仕事が並行して動いているので、必ず書名ないしは論文名が特定できる、そしていつまでも忘れない名前ないし符丁をつけるべきだ。学生の場合もいくつかのレポート、卒論が同時進行している場合もあるだろうから、基本的にはわれわれと変わらないはずだ。後で述べるように、いくつかの論文・レポートが並行して進行しているのも気分転換になってそれほど悪いことではない（原稿執筆生産性にいい影響を与える場合もある）。

　この第2章のファイルも「小浜-2章-論文作法3版-100903」という名前がつけてある。最終原稿になったらそれをしまっておくサブフォルダーが「草稿」から「最終稿」に変わるだけでなく、「小浜-2章-論文作法3版-F_100903」のようにfinalの意味でファイル名のどこかに「F」をつけるといいだろう。このように、どの本のいつ書いた2章の草稿かがわかるような名前を付けるべきだ。昔はその内容が一目でわかる長いファイル名をつけるのは長さに制限があってむずかしかったようだが、いまでは可能である。

　「通信」というサブフォルダーには、草稿や図表を圧縮して送るときのファイルや関連のe-mailを入れている。論文の場合は最後に参考文献リストを書きながら本文を書けばいいが、本の場合は、参考文献を独立したファイルにしたほうがいいだろう（参考文献の書き方そのものについては第5章で説明する）。本書の場合だと、「経済論文の作法-3版」というフォルダーのなかに「参考文献-経済論文の作法-3版」というサブフォルダーがあって、そのなかに「参考文献-論文作法3版-100903.docx」といった個別のファイル

が入っている。新しい文献を追加するたびにその日付を付けたファイルに名前を変えて新たに保存する。小浜の場合、趣味としてもっとも古いファイルを残し、後は直近の2～3のファイルを残して途中の日付のファイルは消してしまう。

　これらのフォルダーに入っているメモや関連図表がすでに全部プリントアウトされ物理的なファイルに入っていれば、それらを広げて並べる。同じファイルに入っている新聞・雑誌の切り抜きなどもざっと目を通して思い出す。できるだけ広い場所が望ましいので、床に並べるのもいい。物理的なファイルそのものにはわれわれはさほどこだわっていない。数枚の紙なら封筒を利用したファイル〔山根式ファイルと呼ばれるものなど。これについては、山根(1986)など、山根一眞氏の一連の本を参照〕でいいし、それが厚くなると厚紙やプラスチックでできたボックスファイルを併用している。ファイルの並べ方は、野口式でも何でもいい〔野口(1993)参照〕。それらのメモや切り抜きを見ながら論文の全体構成を考える。そして必要なメモを書いたりして徐々に原稿にしていく。原稿を書きながら必要な図表を作ったり、関連論文を読むことも当然だ。書き進むにしたがって考えが進み、それまで思ってもいなかった図表が必要になったり、読んでいなかった論文でどうしても読まなくてはいけないものも出てくる。

2　構成を考える

論文の全体構成を作る

　まずは論文全体のラフアイディアを書いてみよう。ストーリー作りだ。本の場合は、論文を章の数だけ書けばいいから、基本的には同じことを繰り返せばいい。もちろん本の場合、各章間の関連も重要だから、まずは章を立て、それぞれの章の中味を論文同様に考える。

　このときもパソコンのワープロに向かっていろいろなアイディアを書いていくのが望ましい。アウトライン・プロセッサーも利用できるかもしれない

が、ワープロの「アウトライン」で十分だろう。小浜は、21インチのモニターにワープロソフト（原稿やアウトライン）とエクセル（図表）を立ち上げて論文を書いている。

論文構成は書きながらどんどん変えていってかまわない。ワープロならいくらでも書き換えるのは簡単。この章の構成も最初は、以下のようなものだった。

第2章　では執筆にとりかかろう！

1．凡人はいきなり書こうとしてはいけない
　　まずファイルを開こう　まめにノート／メモをつくる
2．まず机に向かおう
　　Somerset Mauam? の逸話
3．ストーリー作り
　　全体のラフアイディアを書いてみよう
　　アウトライン・プロセッサーも利用できるかもしれない
4．研究計画
　　執筆予定作成を含む
　　着実に一歩一歩進もう
　　Deadline を決める
5．パソコンに向かう
　　いまさら手書きはやめよう
　　実証分析ならグラフ化してみよう
6．まめにメモを作ろう。必要なら図表も
7．KJ 法
8．ワープロ・ソフトの利用
9．アウトライン・プロセッサー
10．計画の変更

この構成を見ると重複もあるし、かなりごちゃごちゃしている。さらに、本章をごらんになればわかるように、この章の最終的節立ては大分変わっている。恥ずかしながら、この段階では、モームの綴りすら書けないのだ。でも、そんなことは気にしない気にしない。

着実に一歩一歩進もう

　コンスタントに書くことが大切だ。毎日ワープロ1枚のメモでも書いていけば卒論も簡単である。たとえば1行40字、1ページ40行というフォーマットで書くと、ワープロ1ページ分は400字で4枚の計算になる。1ページがたいへんなら半ページでもいい。それでも400字の原稿用紙2枚分だ。そのペースで50日書けば400字詰原稿用紙100枚になる。

　卒論、レポートには提出期限があるが、自分なりの締切を決めるのもいいかもしれない。自分の趣味に合えば、それぞれの節をどのくらいの枚数書き、いつまでに仕上げるのかをバーチャートにするのもいいかもしれない。予定はだいたい守れないものだから、あまり野心的な目標は立てないほうがいい。これは政府の経済計画も同じで、実現できそうもない目標なら立てないほうがいい。政府がいうことは実現しない、と国民に思われたら、政策が実行しにくくなってしまうからである。だからといって最初から絶対できそうな安全なことだけやることにはわれわれは反対だ。人間ちょっとは背伸びして元気を出して論文を書かなくては進歩がないというものだ。

　交易条件でも、経済成長率でもいい、何かトレンドについて書く場合は、たとえ実際の論文に使わなくてもグラフ化してそれを見ながら書くと楽だ。トレンドの場合は、年次データだったら年々の変化とその移動平均値を同じグラフに書いてみるのも有用だろう〔「移動平均って何？」という読者は、溝口・浜田（1969, 第3章）、白砂（2007, 第1章）などを参照〕。小浜は毎年学部の学生に、そのようなグラフをエクセルで書く宿題を出している。経済成長率の移動平均のグラフなら、一人一人違った国を割り当てている。

　「変な」はしがきにも書いたように、大きなモニターだったら、右半分に

そのグラフを出し、左半分にワープロ画面を出して原稿を書くと効率的だと思う。それほど大きいモニターが使えないときは、グラフをプリントアウトして、それを見ながら書けばいい。

　この原稿を書いているときも、ワード、エクセル、pdfビュアー（Adobe Acrobat）が立ち上がっている。ときにはこれに統計ソフトが加わって、エクセルで作ったデータをそれに張りつけて統計分析を行なうこともある。前にも書いたように、本文に文献を引用したら、すぐに参考文献ファイル、あるいは本文最後の参考文献のところに、その文献をきちんと書いておく。面倒くさがってはいけない。そのために論文や本を読んだら「自分なりの」文献データベースに入れ、いつでも引き出せるようにしておくべきだ。文献データベースから引用したい文献を検索し、それをワープロのファイルに張り付けるだけだ。引用するたびにこまめにそうしておけば、本文が終わったときには、きちんとした参考文献原稿もでき上がっている。

　ここで忘れてはならないことは、図表の資料出所も、参考文献に入れるのを忘れないようにしておくことである。たとえば、「子会社・関連会社から見た製造業多角化の動向」という表を作ったとする〔これは実際に小浜・渡辺（1996）の執筆過程で準備した〕。その資料は、通商産業省調査統計部『進展する製造業の多角化　国際化——平成元年企業多角化等調査速報』（通産統計協会、1991年）、同『我が国企業の多角化戦略——平成４年第１回企業活動調査速報』（通産統計協会、1993年）の二つで、それをすぐ参考文献のところに入れておく。もちろん資料出所を参考文献には入れない、というやり方もあるので、その場合は、表の下にきちんと資料名を入れておく。

　表や図を作るときは必ず資料出所や注をまめに書いておく。あとでやればいい、というのは危険だ。出所のページや、作ったときはよくわかっていたデータの性格も、後で調べるのは時間がかかるので、きちんと表の注などにして書いておく。データの性格というのは、たとえば、センサスでなく、アンケートの集計結果であるとか、途中からデータの母集団が変わっている（1990年までは1000人以上の企業を対象としていたが、1991年からは3000人以上の

企業に対象を変更した、など）といったことである。

　最終原稿の表には入れないとしても、表の印刷領域の外にいろいろなメモを書いておくと、後でその表を別の論文に利用するとき思い出すのに便利だ。たとえば民間企業設備投資のデータもマクロ（GNEベース）では取れるが、製造業、あるいは電気・電子工業や輸送機械工業といったサブセクターになるとそれほど簡単ではない。それでも国内の電気・電子工業の設備投資と電気・電子工業の対外直接投資の比率の変化を見る表を作りたい場合もある〔これも実際に小浜・渡辺（1996）の執筆過程で準備した〕。

　マクロの民間企業設備投資のデータは「政府統計の総合窓口」（http://www.e-stat.go.jp/SG1/estat/eStatTopPortal.do）に行って、「主要な統計から探す」をクリックし「企業・家計・経済」の「国民経済計算」をクリックすればいい。しかし、産業別の設備投資額や資本ストックのデータが必要なときもあるだろう。第4章で述べるように、『日本統計年鑑（2010年）』をめくると、表6-17「業種、企業規模別法人企業投資動向」（原資料は内閣府経済社会総合研究所景気統計部・財務省財務総合政策研究所調査統計部「法人企業景気予測調査報告」）にそれらしい数字がある。しかし、「法人企業景気予測調査報告」の数字と国民経済計算（『日本統計年鑑（2010年）』表3-1）の数字は大分ちがう。たとえば両方で数字がとれる2007年度の全産業の民間企業設備投資額（単位は10億円）は、「法人企業景気予測調査報告」では42,179なのに対し、「国民経済計算」の民間企業設備投資は86,662で「法人企業景気予測調査報告」の数字は半分以下である。それでも数字を表に載せることは意味があると思われるので、このことをきちんと表の注に書いておけばいい。そういう注があれば、読者はそのぶん割り引いて表の数字を解釈することができる。

作った図表をすべて入れるな

　作った図表をすべて論文に入れてくる学生がいる。回帰分析も同じで、計算した結果をすべて論文に入れてきて、自分の論理展開にどう関係している

かわからない、といった卒論まである。これは邪道だ。

　論文を書く途中で、いろいろな図表を作り、たくさんの回帰分析をすることは、場合によっては意味のあることだ。しかし、その結果を読まずに（きちんと考えずに）、ただ貼り付けてはいけない。自分が何をいおうとするのか、図表に現れた事実を経済的にどう解釈するのか、回帰係数の値、符号、統計的有意性からどうやって自分の仮説を論証できるのか、といった点が経済学の論文を書くうえでもっとも重要な点である。

　図表を作ったり統計分析をすることではなく、「結果を読む」ことが経済分析なのだ。もちろん図表が1枚もない、回帰分析もしない、といった論文だってありうる。理論の論文はそうだ。1枚の図表もなく、まったく数式もない論文だっていい論文はある。

3　集中せよ

寝ても覚めても考える

　どうしたらいい論文が書けるか。手品のようにうまい方法はない。月並みだが、確固たる問題意識を持って考え続けるしかない。以下は小浜（1998）の「初版へのあとがき」に書いたことだが一部を引用したい。

>　「あとがき」にふさわしいかどうかはともかく、「研究とは何か」「経済学のスピリットとは何か」ということについてすこし筆者の考えを述べてみたい。筆者は1974年に慶応の大学院を出て、国際開発センター（IDCJ）という研究所に入った。そこで大川一司先生に出会ったことは、筆者の研究者としての人生において極めて大きな意味を持つ。細かいことは忘れたが、ある時IDCJの研究会で報告者が、「ある経済問題について、この問題はまだ分かりません」といった発言をしたところ、大川先生曰く、「そんな重大な問題を解けずに、君！　よく夜寝られるな！　僕なら寝られない」。この言葉はいまも鮮明に記憶に残っている。もち

ろん「大川経済学」の評価についてはいろいろの考え方があろう。しかし、この研究に対する姿勢、これについては、筆者を含め、大川先生いうところの「younger colleague」は足元にも及ばない。

　いかに集中して一つの問題を考えることができるか。これに尽きるのではないか。寝ても覚めても考える。夢にまで出てくる。これはなにもむずかしいことを考えなくてもいい。大学の経済学部に入って、初めてミクロ経済学を習って、どうしてもおかしい、夢にまで需要曲線や供給曲線が出てくることだって、立派な集中力だ。

気分転換も必要
　寝ても覚めても考えたところで、一歩も進まないこともある。いや、進まないことのほうが多いかもしれないのだ。きちんとした問題を考えれば考えるほど、にっちもさっちも行かないほうが普通だろう。そんなときは気分転換も必要だ。先にも書いたように、普通の人は週に１回くらい仕事（勉強）をしない日を作ったほうがいいのではないか。そしてその日は水泳なり野球なりテニスなり自分の好きな運動をするのもいいと思う。
　それほどむずかしくない原稿を書いているときでも、全然書けないことがある。われわれの場合もしょっちゅうだ。１日８時間も10時間も机に向かってパソコンの画面を見続けても１行も書けない。そんなとき、本当に因果な商売だと思う。そうなったら、無理せずに、できたところまでプリントアウトし、机の上にしばらくほおっておくといい。そして違う仕事なりレポートを考える。しばらくすると、行き詰まったレポートや論文も書けるようになるものだ。場合によってはいくつかのテーマを並行して書くことも、全体の生産性にいい影響を与える。こういう時間も必要だから、論文・原稿は早めに書かないといけないのだ。と、えらそうなことをいっているが、われわれも当初の締切日に原稿ができたためしがない（小浜説。「たまにはできることもありますよ」と木村が文句をいっている）。何はともあれ、これはわれわれの

努力目標でもあるのだ。

　勉強の場所をきちんと分けるのも一つの方法だ。学生なら、講義のない日は、朝9時から6時まで図書館で勉強をする。あるいはコンピュータ室で計算したり原稿を書く。大学院生のように一応研究室がある場合には、毎日朝9時には研究室に行って夕方6時まで勉強する、といったように勉強を1週間というサイクルのなかで一つのリズムのように組み込んでしまうのも長期的に生産性を上げるにはいい方法だろう。

プリントアウトして読み返す

　一つの論文の第一次稿ができたら、それをプリントアウトして読み返す。全部ができなくても、切りのいいところまでできたら、プリントアウトしてもいいかもしれない。そのときついでにファイルのバックアップもとるといい。前にもいったように、締切ギリギリになって睡眠不足が重なると、人間普段では考えられないようなミスを犯すものだ。理想をいえば、毎日、最低でも2～3日に1回はUSBメモリーやバックアップ用のハードディスクに大事な原稿や図表のファイルを保存し、その予備のメモリーを大学のロッカーなりオフィスあるいは自宅に分けておいておく。そうすれば、何かの拍子にパソコン内蔵のハードディスクが壊れても、傷は浅い。100枚の卒論のファイルを提出日の2日前に壊してしまって、バックアップがなかったらお手上げだ。95枚分の原稿ファイルが入ったUSBメモリーが大学のロッカーに入っていれば、ハードディスクが壊れても5枚分だけ頑張ればいい。

　プリントアウトする効用もある。ファイルから直接製版する雑誌や本の原稿と違って、卒論などは最終的には、プリントしたもので提出するのだから、ほとんどのプリントアウトが残っていれば、最終原稿のファイルが壊れても、何とかすることができる。

　第一次原稿でプリントアウトするのは紙の無駄だと考える読者もいるかもしれない。たしかにそういう側面がないとはいわないが、われわれの経験からすると、モニター画面上で読み返すより、紙にプリントして読み返したほ

うが、いろいろな加筆修正がやりやすいようだ。

第3章
既存研究の見つけ方

1 なぜ既存研究を勉強するのか

　論文に「独創性（originality）」が大切であることはいうまでもないが、それと既存研究を勉強することとはまったく矛盾しない。経済学に限らず多くの学問では、すでにさまざまなテーマについて膨大な研究成果が積み上げられてきており、そのなかで自分の研究を位置づけ、独創性を主張していくことが要求される。序章で書いた「巨人の肩の上に立つ」である。

　自分と同じようなことを考えた人が、すでに論文の形で発表している場合もよくある。だからといってがっかりする必要はない。自分が考えたことが他の人にも重要と認められていた証左なのだから。その成果を踏まえ、その先何ができるか、あるいは別の切り口はないかを考えればいい。逆に、自分と同じようなラインでの研究が見つからない場合もある。これは、考え方が荒唐無稽でどうにも攻めようがないために他の研究者はあきらめてしまったのか、あるいはみんなが見落としていた大鉱脈であるかのどちらかである。いずれにせよ、自分がやろうとしていることがどこに位置づけられるのか、どの部分がオリジナルとみなされるのかを見極めるのに、関連文献のサーベイは不可欠である。

　ただし、文献サーベイの論文を書くのでない限り、既存研究のレビューにあまり時間をかけすぎるのはよくない。人の論文を読むこと自体が目的となってしまうことは、まじめで勤勉な人ほど陥りやすい落とし穴である。自分で論文を書いたり、あるいは何かを考えるために、既存研究を勉強するのだということを忘れてはいけない。目的を持たずにただやみくもに論文を読む学生がいるが、それでは生産性が上がらない。先輩や先生と相談して論文の目的をきちんと把握し、その論文を書くために必要な論文を効率的に読むべきだ。

　研究全体の時間配分を考え、自分自身で思考し作業する時間を十分に確保しておくことが必要である。そのためには、捜してきた大量の既存研究論文

を隅から隅まで読むようなことはしないほうがよい。要は既存研究のなかに自分の研究を位置づけ、またそこから自分の研究へのヒントを得られればよいのだから、当面その範囲で大事なところだけ拾い読みするというつもりのほうがよいかもしれない。拾い読みも大切な技術である。これは論文でも本でも同じこと。もちろん、少し読み進んでみてどうしても自分の研究に役立たないと思ったり、どうしても頭に入らない場合は、やめるにこしたことはない。論文や本を読み始めたら最後まで読むべきだ、という先生も多いかもしれないが、時間が無限にはない以上、それは無意味だと思う。本も自分がいま読みたい章だけ読めばいい。全部きちんと読む時間はないが、なかなかいい論文だ、あるいはいい本だと思ったら、とにかく最後までページをめくることは重要だ。そうすると大事な部分がおのずと目に入ってくるようになる。どうすればそんなことができるようになるかって？　ここでも手品はない。いかに集中してたくさん読むかだ。

2　どうやって見つけるか

図書館におけるコンピュータ検索

　図書館員に関連文献の見つけ方につきアドバイスを求めると、まず図書館のコンピュータ端末でキーワードの検索をしなさいといわれたりする。そこで、いきなり大量の文献目録をプリントアウトしてきて、どれをまず読むべきでしょうか、などと尋ねてくる学生がいる。しかし少なくとも経済学の場合には、これは最初にすべき作業ではない。この作業でピックアップされてくる文献は残念ながら玉石混淆、もっとはっきりいわせてもらえば9割方は使いものにならない。しかも、現代的問題に取り組んでいる場合には、あまりに古すぎるものがほとんどである。

　少なくとも「いわゆる近代経済学」の大部分の分野では、関連文献や論文を網羅的に収集することよりも、むしろ、論理構成を自分で組み立て、それを代表的な経済学の流れのなかに位置づけるために必要なだけの関連研究に

ついて言及するほうが普通である。どれが重要文献でどれがそうでないのかを区別することは、むずかしいが大事なことである。

研究者に聞く

　まず正しいところに食いつくことが肝要である。しかし、これはそうやさしくない。やさしければ、われわれのような商売は上がったりだ。優秀な研究者はそれぞれ、関連文献を見つける自分なりのノウハウを持っている。したがっていちばん手っ取り早いのは、その分野の研究者に聞くことである。

　ただし、優秀な先生は忙しい。優秀で忙しくない先生はいない。忙しいからといって優秀とは限らないが。それにだいたい、準備をしてこない学生には、教えるほうものってこない。まず最低限のことは調べてから質問に行くこと。とはいっても、遠慮しすぎて相談に行かないのはたぶん最悪なので、そのあたりの間合い・タイミングをわきまえないといけない。世の中なかなかむずかしいのだ。

代表的教科書を複数チェックする

　では、「最低限のこと」とは何か。まず、複数の代表的教科書やハンドブックなどの関係箇所に目を通し、参考文献・論文があがっているかをチェックする。言及されている本や論文はその分野でとくに影響力の強かったものであることが多く、必読文献である可能性が高い。代表的論文を見つけたらその後は簡単、参考文献リストの部分を見て、いもづる式に重要文献を見つけることができる。

　教科書により各トピックの扱い方は異なっているはずである。これも参考になる。トピックが「経済統合」だったとして、手近にある国際経済学の教科書、Appleyard, Field and Cobb（2010）、Krugman and Obstfeld（2009）、Salvatore（2011）を例に見てみよう。アメリカの教科書のほうが、マーケットの大きさのせいか、改訂の頻度が高い。Appleyard, Field and Cobb（2010）が7版、Krugman and Obstfeld（2009）が8版、Salvatore（2011）

が10版である[1]。

　Appleyard, Field and Cobb（2010）、Salvatore（2011）は経済統合で1章を立てている。Appleyard, Field and Cobb（2010）の経済統合の章（Chapter 17）の記述はかなり包括的だ。オーソドックスな経済統合の段階の説明から始まって、世界中でどのような経済統合が存在しているかの表が出ていて便利だ。その表の出所は CIA の The World Factbook である（https://www.cia.gov/library/publications/the-world-factbook/）。先にも述べたように、The World Factbook はとても便利だ。

　Appleyard, Field and Cobb（2010, Chapter 17）には伝統的な貿易創出効果と貿易転換効果の実証分析の効果についての記述もあるので、それを卒論に応用する手がかりにもなる。そこに引用されているバラッサの論文（Balassa 1974）は *The Manchester School of Economic and Social Studies* というジャーナルに出ていることがわかる。こんなジャーナルがあったのか、という読者がいるかもしれないが、かつては優れた論文がこのジャーナルに数多く登場した。たとえば後にノーベル経済学賞をもらうアーサー・ルイスの労働の無制限的供給に関する最初の論文もここに出た（Lewis 1954）。アーサー・ルイスに関心があれば、*W. Arthur Lewis And the Birth of Development Economics* が面白いだろう（Tignor 2005）。

　Appleyard, Field and Cobb（2010）では経済統合のダイナミックな効果についても論じられているので、それに興味が湧いたら経済統合や自由貿易地域のダイナミックな効果を自分の論文のテーマにしてもいいだろう。後は代表的な統合の説明が続く。当然 EU についての記述もあれば、NAFTA、東アフリカ共同体、メキシコのマキラドーラ（アメリカ国境沿いの自由貿易地区）についての記述もある。引用文献を見ると *Journal of Common Market Studies* といった経済統合関連のジャーナルまであることがわかる。経済統合の実態については IMF と世銀が協同で年4回出している *Finance and Development*、*The Economist*、*Wall Street Journal* などがよく引用されており、実態に関する論文を書くなら、新聞・雑誌もフォローしなくてはなら

ないようだ。

Salvatore（2011）の経済統合の章（Chapter 10）の記述は Appleyard, Field and Cobb（2010）と基本的に同じだが、現実の統合のカバーする範囲はずっと広い。Appendix には2009年の地域貿易協定（RTAs：Regional Trade Agreements）のリストがあるし、この章の文献リストは3ページもある。この文献リストにもあげられているが、本章のあとで述べる North-Holland/Elsevier の Handbook シリーズ中の *Handbook of International Economics*, Volume 3に地域統合の章がある。

Elsevier の website（http://www.elsevier.com/）の Elsevier Books をクリックして「H」に行くと、Handbook シリーズが出てくる。Handbook of International Economics 3をクリックして「Contents」の「Preview content on ScienceDirect」を見ると、

　　Chapter 31 Regional economic integration
　　　　Pages 1597-1644
　　　　Richard E. Baldwin, Anthony J. Venables

が出てくる。その下にある「Show preview」をクリックすると Chapter 31 の目次を見ることができ、さらに「Related articles」「Related reference work」をクリックすると、*Handbook of International Economics*, Volume 3が出版された1995年以降の関連の文献リストが出てくる。

Krugman and Obstfeld（2009）は経済統合をまとめて扱った章はない。EU を中心に、共通農業政策（8章）、1992年の統合の利益（9章）などが説明されており、とくに金融統合については第20章などでくわしく分析されているのが特徴である。

なお、経済統合について論文・レポートを書こうとする場合は、木村・小浜（1995, 第8章）と Hine（1994）も見ておいてほしい。Hine（1994）が収録されている *Surveys in International Trade*（Greenaway and Winters 1994）

のような「サーベイ」や「リーディングス」は便利である。

サーベイ論文・ジャーナルの特集をチェックする

　サーベイ論文を見て、そこからさらなる参考文献を拾ってくるのも有効である。日本語であれば『経済セミナー』のバックナンバーを洗ってみるのもよい。われわれの専門分野である国際経済学や開発経済学関係の実証研究ということなら、アジア経済研究所、NIRAなどの雑誌、レポートを見るのも必要だろう。必ずしも分析的ではないが、『世界経済評論』も国際経済・国際経営分野では役に立つだろう。

　サーベイ論文ではないが、毎年1月に開かれるアメリカ経済学会（American Economic Association）の Proceedings が *American Economic Review*（*AER*）の5月号に出る。数多くのテーマ別のセッションに提出された短い論文が出ているので、それなりに便利だ。2010年5月号を見ると、33のセッションがあり、それぞれ3～4本の論文が議論されたことがわかる。これは卒論などのテーマ探しにも役に立つかもしれない。小浜の独断と偏見でいくつかのセッションとそこでの報告論文を列挙してみよう[2]。

　　Growth in a Partially De-Globalized World のセッション：
　　Political Limits to Globalization（pp. 83-88）
　　　Daron Acemoglu and Pierre Yared
　　Making Room for China in the World Economy（pp. 89-93）
　　　Dani Rodrik
　　What Parts of Globalization Matter for Catch-Up Growth？（pp. 94-98）
　　　Paul M. Romer

　　Institutions and Development のセッション：
　　Institutions, Factor Prices, and Taxation: Virtues of Strong States？（pp. 115-19）

Daron Acemoglu
Creating Property Rights: Land Banks in Ghana（pp. 130-34）
Ernest Aryeetey and Christopher Udry

Development, Culture, and Institutions のセッション：
Cultural and Institutional Bifurcation: China and Europe Compared（pp. 135-40）
Avner Greif and Guido Tabellini
Equilibrium Fictions: A Cognitive Approach to Societal Rigidity（pp. 141-46）
Karla Hoff and Joseph E. Stiglitz
Religious Conversion in Colonial Africa（pp. 147-52）
Nathan Nunn

アメリカ経済学会が年に4回発行している雑誌、*Journal of Economic Perspectives* は毎回特集を組んでおり、学部レベルでも読むことができるなど、やや一般向けに経済学のトピックをくわしくサーベイしている。そこでは各号ともテーマを決めsymposiumと銘打って第一線の研究者がいくつかのサーベイ論文を書いているので便利だ。最近の号でいくつか目についた特集と主な寄稿者を以下に掲げてみよう。冬号が毎年の第1号である。

Symposium: The Agenda for Development Economics（Vol. 24, No. 3, Summer 2010）：
Understanding the Mechanisms of Economic Development
Angus Deaton
Theory, General Equilibrium, and Political Economy in Development Economics
Daron Acemoglu

第3章　既存研究の見つけ方　73

Diagnostics before Prescription
　　Dani Rodrik
Uneven Growth: A Framework for Research in Development Economics
　　Debraj Ray
Giving Credit Where It Is Due
　　Abhijit V. Banerjee and Esther Duflo
Microeconomic Approaches to Development: Schooling, Learning, and Growth
　　Mark R. Rosenzweig

Symposium: U. S. Trade Deficit（Vol. 22, No. 3, Summer 2008）
Global Imbalances: Globalization, Demography, and Sustainability
　　Richard N. Cooper
Resolving the Global Imbalance: The Dollar and the U. S. Saving Rate
　　Martin Feldstein

Symposium: Productivity（Vol. 22, No. 1, Winter 2008）
A Retrospective Look at the U. S. Productivity Growth Resurgence
　　Dale W. Jorgenson, Mun S. Ho and Kevin J. Stiroh
The Productivity Gap between Europe and the United States: Trends and Causes
　　Bart van Ark, Mary O'Mahoney and Marcel P. Timmer
Accounting for Growth: Comparing China and India
　　Barry Bosworth and Susan M. Collins

　また、North Holland[3]という出版社から出ているハンドブック・シリーズは、専門家レベルの詳細にわたる文献サーベイをまとめたものである。大

学院レベルのトレーニングをつんでいないと内容をきちんと理解するのはむずかしいかもしれないが、どんな問題意識にもとづきどのような研究がなされてきたか、どのようなアングルの研究が手薄であるかなどを知るには最適のリソースである。これまでに発行されているのはつぎの分野である（多いものでは、1タイトルで5巻、6巻というものもある）。

- Handbook of Agricultural Economics
- Handbook of Computational Economics
- Handbook of Defense Economics
- Handbook of Development Economics
- Handbook of Econometrics
- Handbook of Economic Forecasting
- Handbook of Economic Growth
- Handbook of Experimental Economics Results
- Handbook of Family Planning and Reproductive Healthcare
- Handbook of Financial Econometrics
- Handbook of Financial Intermediation and Banking
- Handbook of Financial Management for Health Services
- Handbook of Financial Markets：Dynamics and Evolution
- Handbook of Game Theory with Economic Applications
- Handbook of Health Economics
- Handbook of Income Distribution
- Handbook of Industrial Organization
- Handbook of International Economics
- Handbook of Labor Economics
- Handbook of Law and Economics
- Handbook of Macroeconomics
- Handbook of Management Accounting

Handbook of Management Accounting Research
Handbook of Mathematical Economics
Handbook of Monetary Economics
Handbook of Natural Resource and Energy Economics
Handbook of Population and Family Economics
Handbook of Public Economics
Handbook of Regional and Urban Economics
Handbook of Social Choice & Welfare
Handbook of Social Economics
Handbook of Statistics
Handbook of the Economics of Art and Culture
Handbook of the Economics of Education
Handbook of the Economics of Finance
Handbook of the Economics of Giving, Altruism and Reciprocity
Handbook of the Economics of Innovation

　サーベイ論文はいろいろなジャーナルにも登場するし、ジャーナルによっては、ときどき特集を組むこともあるので、図書館やインターネットでまめにチェックする習慣をつけるといい。たとえば2009年7月の *Journal of Development Economics* を見ると（Vol. 89, No. 2, July 2009）、金融のグローバル化の特集（New Approaches to Financial Globalization）だということがわかる。インターネットにアクセスできれば、ほとんどの経済関係のジャーナルの目次をチェックできるので、昔のように図書館に足を運ぶ必要はない。Economic journals on the web といったサイトもあるので便利だ（http://www.oswego.edu/~economic/journals.htm#j）。
　Journal of Economic Literature にも、役に立つ論文が登場するから見ておくといい。アメリカ経済学会の website で目次を見ることができる（www.aeaweb.org）。最近の号で、いくつか目についたものを以下にあげよう。

Forum on the Role of the Federal Reserve (Vol. 48, No. 1, March 2010):
How Central Should the Central Bank Be ?
　Alan S. Blinder
What Powers for the Federal Reserve ?
　Martin Feldstein

Vol. 47, No. 4, December 2009 :
Beyond GDP: The Quest for a Measure of Social Welfare
　Marc Fleurbaey

Vol. 47, No. 3, September 2009 :
The Economics and Law of Sovereign Debt and Default
　Ugo Panizza, Federico Sturzenegger and Jeromin Zettelmeyer
The Effects of Privatization and Ownership in Transition Economies
　Saul Estrin, Jan Hanousek, Evzen Kocenda and Jan Svejnar

Vol. 47, No. 2, June 2009 :
Psychology and Economics: Evidence from the Field
　Stefano DellaVigna
Can the West Save Africa ?
　William Easterly

専門ジャーナル

　アメリカの経済学では、専門ジャーナルに掲載される論文が専門的業績としてはもっとも高く評価され、本はやや低く位置づけられることが多い。これには、アメリカの経済学のフロンティアがほとんどの場合、単発論文により切り開かれてきたという歴史的背景もある。しかしそれ以上に、専門ジャーナルのレフェリー制度に負うところも大きいのだろう。専門ジャーナルに

はそれぞれの専門分野の第一人者といわれる人たちがエディターとなり、彼らが論文ごとに複数のレフェリーを指定し、そのレフェリーのレポートをもとに論文の掲載の可否を判断する。このようなレフェリー制度重視の傾向はアメリカ経済学独特の研究風土を作ることになり、それなりの弊害も出てくる[4]。ともあれ、英語で書かれた質の高い業績は専門ジャーナルに集中していることは事実である。

　日本の場合は、アメリカン・スタイルの仕事をしている人とそうでない人がいるので、必ずしもジャーナル論文一本槍ではない。これは必ずしも悪いことではない。本にしてもアメリカでは絶対に経済学の本としては出版されないような本が、経済関係の賞をもらったりする日本の経済学の風土もなかなかいい、とわれわれは思っている。ヨーロッパはまた少し違うような気がする。

　英語のジャーナルには、かなりはっきりしたランキングが存在する。評価の高いジャーナルのベスト５といえば、かつては *American Economic Review*（AER）、*Quarterly Journal of Economics*（QJE）、*Journal of Political Economy*（JPE）、*Econometrica*（EMA）、*Economic Journal*（EJ）といわれていた。最近は EJ の代わりに *Journal of Economic Theory*（JET）を入れるべきだという理論家もいるようだ。JET の代わりに *Review of Economic Studies*（RES）ではないかという論者もいる。いずれにせよ、このあたりがＡクラスの雑誌ということになる。若干理論のほうにバイアスしているようにも思うが、アメリカの経済学はやや理論を重んじる傾向があるので、まあこんなところだろう。しかしＡクラスの雑誌の論文がすべてＡクラスというわけでもないから、世の中むずかしい。Ｂクラスの雑誌のなかにもＡクラスの論文が出ることもある。たとえば小浜の趣味でいえば、Arrow, Chenery, Minhas, and Solow（1961）や Arrow（1962）はＡクラスの論文だと思う。

　これらのＡクラスの雑誌の下にＢ⁺クラス、Ｂクラスの雑誌が続く。分野を特定しないものとしては *International Economic Review*（IER）、*European Economic Review*（EER）、分野に特化したものとしては *Review of Eco-*

nomics and Statistics（*REStat*）、*Journal of International Economics*（*JIE*）、*Journal of Development Economics*（*JDE*）などが続く。掲載された論文の引用回数によりランキングを客観化しようという試みもたびたびなされている。これはアメリカ人がランク付けが好きだということによるだけでなく、大学教員の昇格審査の際にも問題になるので、大きな関心を持たれているのである。

　したがって、英語で書かれた論文のうち重要なものの大部分はランキングの高いジャーナルに載っているというのは事実である。学部レベルではなかなかむずかしいかもしれないが、少なくとも大学院レベルで論文を書こうとするときには、自分の分野のジャーナルの過去数年分をざっとチェックするという作業は欠かせない。

　さらに、フロンティアの仕事をしようと思ったら、ジャーナルに載ったものだけを見ていたのではもう遅い。ジャーナルに出た時点では、最初のドラフトが完成した時点から最低2年程度は経過してしまっている。その分野の先端をいく研究者の論文は、ワーキング・ペーパーの段階からできるだけフォローする必要がある。NBER（National Bureau of Economic Research）のワーキング・ペーパーは月に10〜15本くらい出てくるので、自分の関心あるテーマに関するワーキング・ペーパーが出ていないか、ときどき見ておくといいだろう[5]。

経済学論文のカタログ

　さらに専門論文をあらいざらいサーベイしようと思ったら、少なくとも英語で書かれた論文については、先にふれたアメリカ経済学会が年に4回刊行している *Journal of Economic Literature* を見ておく必要がある。ここでは、英語で書かれた主要な経済学術雑誌はほぼすべてカバーされている。論文は雑誌名、分野名で分類されているだけでなく、人名索引もついている。一部の論文については要約も添付されている。

　図書館によってはアメリカ経済学会の EconLit にアクセスできるところも

多いだろうし、電子ジャーナルのデータベースが利用できるところも多いと思う。関心分野の新しい論文を読めば、その参考文献から以下に述べるいもづる式に関連の論文に行き着くことができるだろう。

3 どうしてもわからないときは

分野すらわからないときはどうするか

　問題によっては、それが経済学で扱われているのか、それとも社会学なのか、国際関係論なのか、経営学なのか、はたまた生態学なのかすらよくわからないこともあるだろう。その場合には、学生ならゼミの先生や指導教授に聞くのがいい。そのために大学の先生がいるといっても過言ではない。わからないことを聞くために先生がいると思えばいい。だからゼミは大切なのだ。基礎理論なら代表的教科書を読んで、図書館で一人で勉強することもできないこともない。そういったいわば「定型」でない問題について指導教授が必要なのだ（ここでいう「教授」というのは「大学の教師」という意味。フル・プロフェッサーだからえらいとは限らない。今西錦司〔生態学・文化人類学者にして登山家。日本の霊長類研究の創始者といわれる：編集部〕は長く無給講師だった。これまた「小浜の極論」か）。

　経済学だけですべての問題が解決するわけではもちろんないので、他分野からのアプローチの仕方にもつねにアンテナを張っておくことが望ましい。とはいえ、一部の例外を除いては、あまり「学際的」過ぎるのはよくない。大学院レベル以上では、まず自分の分野の基礎をしっかりと固めたうえで学際的活動をするというアプローチのほうが、われわれの趣味には合っている。

いもづる方式

　自分の研究分野が決まり、それについて新しい良い論文が見つかったら、その参考文献リストからいもづる式に関係論文を見つけることができる。これはなかなかいい方法だ。多分ほとんどの研究者がこの方法を自分なりに工

夫してやっていると思う。自分の研究分野や自分の好きなやり方に近い研究者の論文を読むことは多くのヒントが得られるし、なんといっても楽しいものだ。

たとえば経済発展過程における構造調整問題についての論文を書きたいと思ったとする。先に述べたハンドブック・シリーズを眺めると、開発経済学 (*Handbook of Development Economics*) の第３巻Bに（なぜ第３巻、第４巻でなく、第３巻がA、Bに分かれているのかは不明）、この問題に関して、Corbo and Fisher (1995) と Rodrik (1995) という二つの論文があることがわかる。マクロの構造調整がテーマなら、Corbo and Fisher (1995) を、貿易政策、工業化政策に関する構造調整に関心があるなら、Rodrik (1995) を見るといいだろう。ただし、前にもいったように、ハンドブック・シリーズは学部学生が読むにはちょっとむずかしいかもしれない。

貿易政策の構造調整についての論文を書こうと思ったら、Rodrik (1995) を読もう。これはかなり長いし、むずかしいところもあるから、関心のある部分だけ拾い読みしてもいい。Rodrik (1995) の参考文献リストには250以上の文献があげられている。これを全部読むことはできないから、ロドリックの書き方にフィーリングが合ったら、そこにある彼の論文をいくつか読むのもいいだろう。ロドリックの論文だけでも10本以上あるから、*Journal of Economic Perspectives* の論文などから読み始めるのがいいだろう（Rodrik 1992）。前にもいったように、*Journal of Economic Perspectives* はそれぞれの分野の専門家が非専門家に読んでもらうために刊行されているジャーナルだから、学部の学生でも、ちょっと頑張れば読めるだろう。わからないところはとばして読めばいい。「Rodrik」で検索すれば、彼のホームページはすぐ探すことができる（http://www.hks.harvard.edu/fs/drodrik/）。そこに行くと、*In Search of Prosperity* という本があることがわかる（Rodrik 2003）。経済発展に関心があれば、この本は必読である。さらに開発戦略に関心があれば、*Handbook of Economic Growth* に Growth Strategies という論文があることがわかる（Rodrik 2005）。さらに、*Handbook of Economic Growth* を

見ると、Easterly（2005）という論文も見つかる。これもいもづる式か。

『経済セミナー』の特集論文や連載の参考文献からいもづる方式で見つけるのもいいだろう。たとえば小浜・渡辺（1996）、小浜（2001）、Kohama（2007）の参考文献を見てもらえば、戦後日本の経済発展を考えるうえでの基本的参考文献をかなりカバーしていると思う。たとえば、日本の経済制度に関心があれば、岡崎・奥野（1993）は必読文献だ。上記の本を丁寧に読めばおのずとわかる。また、経営史に関心があれば、いろいろな本・論文が引用されているが、タイトルからして森川（1992）がもっともやさしそうに見える。それを読み、そこに引用されている論文をさらにさかのぼっていけばいい。この本は、タイトルはあまり気に入らないが、中味はたいへんいい本だ。

自分のやりたい分野で新しくて定評ある本があれば、その後ろについている参考文献からいちばん気に入った論文から読むというのもいい。勉強が進むにつれて、いい論文をタイトル、著者から選び出す勘も養われてくる。たとえば中国の市場経済化における企業問題なら、大塚・劉・村上（1995）などから始めるのがいいだろう。

自分が本や論文を読んでフィーリングがあった学者の所属する学部・研究所のジャーナルをずっと見てみるのも参考になる。谷沢永一がいうように「アホバカ間抜け大学紀要」といわれるくらいだから、どこの学部・研究所のジャーナルでも有効なわけではない。どれならよくてどこは駄目という知識もノウハウのうちである。このノウハウは、試行錯誤しながら身につけるしかない。たとえばロシア・東欧の市場経済化に関心があって、西村（1995）を読んで著者のアプローチ・分析が自分のフィーリングにあったとしよう。本の最後を見ると、西村可明さんが一橋大学の経済研究所の教授であることがわかる（現在は名誉教授）。先輩や先生に聞けば、一橋大学経済研究所が『経済研究』というジャーナルを出していることがわかる。そこで図書館でその雑誌を見れば、西村教授がこの問題について多くの論文を発表していることがわかる。どうやって最初の本を見つけるかって？　新聞や雑誌の新刊

広告を見ていればわかるものだ。なお、小浜が書いた西村（1995）の書評が『世界経済評論』（1995年10月）に出ている。

　新しい教科書から参考文献を探す手もある。何度もいっているように、全部読むのがたいへんなら、関心のある章だけを読めばいい。そこから次に読むべき本や論文のヒントが得られるだろう。最近は日本語のハンドブックやリーディングスが出ていないのは残念なことだ。伊丹・加護・伊藤（1993a, b, c, d）などは例外だが、それ以外は新しいものがないようである。日本語で国際経済学や開発経済学のハンドブックやリーディングスが出ていないことについては、われわれにも責任の一端がある。

いろいろなジャーナル・資料があるものだ

　ここで日本語か英語で出ているすべてのジャーナル・資料を紹介するわけにはいかない。もっと知りたいという読者は *Journal of Economic Literature* を克明に見てほしい。学生諸君、とくに図書館があまり大きくない大学の学生諸君の参考のために、われわれが比較的よく見るジャーナル・資料をあげてみよう。ここでは先の「専門ジャーナル」のところなどに出てこなかったジャーナルをあげるとしよう。以下に紹介する順番に特別の意味はない。

　まずワシントンにあるブルッキングス・インスティテューションが出している *Brookings Papers on Economic Activity* である。このジャーナルはマクロもミクロも政策も強い。日本市場の閉鎖性に関する論文が出ることもあれば、ロシア・東欧の市場経済化やアフリカの貧困の罠に関する論文も登場する。

　経済発展・開発に関心があれば、*Economic Development and Cultural Change*、*Journal of Development Studies*、*Finance & Development*、*World Bank Research Observer*、*World Bank Economic Review* なども見ておくといいだろう。*Finance & Development* は薄い雑誌だが、世銀や IMF の新しい研究の要約が出ていて便利だ。マクロや国際金融問題に関心があれば、

IMF Staff Papers も見ておくといいだろう。

　これらのジャーナル以外にもわれわれは、*Journal of Economic Growth*、*Review of Income and Wealth*、*Journal of Monetary Economics*、*Weltwirtschafliches Archiv* なども見る。産業内分業や国際経済の実証分析に関心があれば、*Weltwirtschafliches Archiv* はいいと思う。経済制度に関心があれば、*Journal of Law and Economics* もときどき見ておいたほうがいいだろうし、NAFTAとかWTOといった国際経済組織について論文を書くなら *Journal of World Trade* にもいい論文が出る。

　ジャーナルではないかもしれないが、NBER（National Bureau of Economic Research）の Macroeconomic Annual も、見ておいたほうがいいだろう。ワシントンにある Peterson Institute for International Economics は、そのときどきのさまざまな世界大の政策課題について研究叢書を出しており役に立つ。地球温暖化もあれば、内外価格差もあれば、市場経済化の分析もある。比較的新しいものが1冊あれば、その後ろに既刊のリストがあるので、調べやすい。開発や援助に関心があれば、同じくワシントンにある Center for Global Development のワーキング・ペーパーなども見ておくべきだ[6]。

　地域や国に特化したジャーナルもあるので、自分の論文の内容次第では見ておこう。アジアでは、アジア開発銀行が出している *Asian Development Review*、東アジア経済学会の機関誌 *Asian Economic Journal* などがあり、インドネシア経済については、オーストラリア国立大学の出している *Bulletin of Indonesian Economic Studies* というジャーナルもある。

　日本語では役所、研究所などが出している雑誌などもテーマによっては役に立つ。たとえば、総合研究開発機構（NIRA：http://www.nira.or.jp/）の「政策レビュー」、経産省の経済産業研究所（RIETI：www.rieti.go.jp）が出している「経済政策レビュー」など、財務省（www.mof.go.jp）の『ファイナンス』、『フィナンシャルレビュー』など、国際協力銀行（JBIC：www.jbic.go.jp）、海外投融資情報財団（JOI：www.joi.or.jp）、国際協力機構（JICA：www.jica.go.jp）、日本政策投資銀行（www.dbj.jp）のレポートなどがある。

役所の雑誌ではないが、『日経ビジネス』、『ジェトロセンサー』、『貿易と関税』、『週刊東洋経済』、『エコノミスト』といった雑誌からもヒントが得られることもある。地域に特化して研究・情報をわれわれに提供してくれるものもある。ジェトロの地域別・国別レポート（http://www.jetro.go.jp/world/reports/）、アジア経済研究所の地域別・国別レポート（http://www.ide.go.jp/Japanese/Publish/index.html）も役に立つだろう。ラテンアメリカ協会（http://www.latin-america.jp/）、中東協力センター（http://www.jccme.or.jp/）、中東調査会（http://www.meij.or.jp/）、ロシアNIS貿易会（http://www.rotobo.or.jp/）などからも情報をとることができる。

1）小浜は、学部の国際経済学の講義を持っているが、ここ2〜3年、Krugman and Obstfeld（2009）を教科書にしている。序章で「巨人の肩の上に立つ」に関連してジョーンズの成長論の教科書（Jones 2002）を引用したが、ジョーンズは、マクロ経済学の教科書も書いている。2008年に初版が出たが、世界金融危機を受けて、全面改訂ではないが、二つの章を追加して「Economic Crisis Update」を出している（Jones 2010）。ブランシャールも、同じ趣旨で1章追加している（Blanchard 2011）。今後、e-book、e-textが普及すれば、改訂のペースはもっと速くなるだろう。

2）American Economic Associationの出しているジャーナルは、学会員でなくとも目次はすべてみることができる（www.aeaweb.org）。多くの大学では、電子ジャーナルで論文そのもののpdfファイルをとることができるだろう。

3）エルゼビア（Elsevier）という学術出版社が1970年、North-Holland社を吸収合併したが、ハンドブック・シリーズの表紙にはNorth-Hollandとある。

4）たとえばアカーロフのレモンの論文（Akerlof 1970）は、*American Economic Review*、*Review of Economic Studies*、*Journal of Political Economy*の3誌に掲載を拒否されて、四つ目の*Quarterly Journal of Economics*にやっと掲載されたといわれている。小浜は若い頃Akerlof（1970）を読んで、「これ1本でノーベル賞」と思ったことを思い出す。

5）登録しておくと、定期的にNBER（National Bureau of Economic Research）のワーキング・ペーパーの情報がメールされてくる（www.nber.org）。
6）Brooking InstitutionもPeterson Institute for International EconomicsもCenter for Global Developmentも歩いて1〜2分の範囲にある。

第4章
実証分析とデータ・情報の集め方[1]

1 実証分析の一例

　第1章などで述べたように問題意識がはっきりしたとして、純粋理論でレポートや卒論を書く人はあまり多くないと思うので、ここでは、実証分析の例と、それに必要なデータ・情報をどうやって手に入れるかを考えよう。
　われわれの専門は国際経済学、開発経済学なので、誰でも知っている比較生産費原理の実証分析を紹介しながら実証分析のためのデータについて考えてみよう。比較生産費原理は国際経済学、国際貿易論のどの教科書にも書いてあるから理解が曖昧な読者は、くわしくはそれを見てほしい。有名な比喩でいえば、クルーグマンが秘書よりもたとえワープロが速くて正確でも、秘書が絶対的に劣るワープロを打ち、クルーグマンが経済学の研究に従事したほうが世の中うまくゆく、というのが比較生産費原理である。
　リカード・モデルでは生産要素が労働だけだから、労働生産性が生産費を決定することになる。これを簡単に実証するのに、比較労働生産性と相対輸出シェアを比べるというやり方がある。Krugman and Obstfeld（2009, p.49）にも Balassa（1963）の図が引用されている。縦軸にアメリカとイギリスの産業別の輸出額の比率をとり、横軸に両国の産業ごとの労働生産性比率がとってある。比較労働生産性比率が高いほど（比較生産費が安いほど）輸出比率が高いという関係がきれいに図示されている。
　同じことをわれわれの研究からも引用しよう。図4-1は、木村・小浜（1995）の第1章でわれわれが計算した日本と韓国の比較労働生産性の実証分析からの引用である。この図は、上で説明したように、縦軸に日本と韓国の産業別の輸出額の比率をとり、横軸は、両国の産業ごとの労働生産性比率をとってある。1970年における両国の産業別の対世界輸出比と労働生産性比の自然対数値をプロットした。やはり比較労働生産性比率が高いほど（比較生産費が安いほど）輸出比率が高いという関係がきれいに図示されている。回帰直線も図に書き入れてある。すぐにわかるように、労働生産性比の対数

図4-1　日本と韓国の対世界産業別輸出比と労働生産性比（1970年）

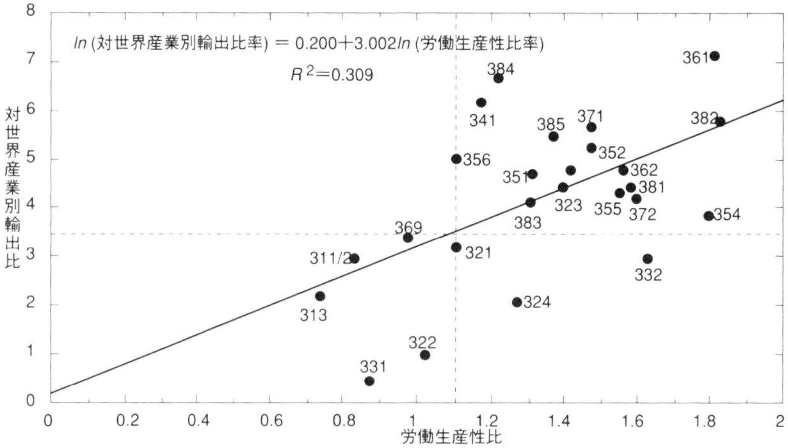

ln(対世界産業別輸出比率) $= 0.200 + 3.002 ln$(労働生産性比率)
$R^2 = 0.309$

注：番号は、同書の表1-1のISIC番号。出所：木村・小浜（1995, 13頁）

表4-1　回帰分析結果

従属変数 $= ln(X_j / X_k)$

回帰式	年	定数	$ln[(Y_j/L_j)/(Y_k/L_k)]$	$ln(O_j/O_k)$	$ln(W_j/W_k)$	$ln[\{Y_j/(W_jL_j)\}/\{Y_k/(W_kL_k)\}]$	F値	R^2
(1)	1970	0.200 (0.156)	3.003 (3.208)				10.293	0.309
(2)	1970	−1.272 (−0.896)	2.183 (2.237)	0.657 (1.969)			7.730	0.413
(3)	1970	0.300 (0.108)	3.058 (1.838)		−0.127 (−0.041)		4.924	0.309
(4)	1970	−0.501 (−0.190)	2.612 (1.651)	0.675 (1.960)	−1.034 (−0.349)		4.988	0.416
(5)	1970	4.356 (14.585)				4.138 (2.705)	7.319	0.241
(6)	1985	−1.143 (−1.387)	2.346 (3.149)				9.914	0.284
(7)	1985	−3.239 (−2.645)	1.677 (2.212)	1.177 (2.196)			8.125	0.404
(8)	1985	−3.179 (−0.733)	2.098 (2.286)		1.762 (0.479)		4.919	0.291
(9)	1985	−5.644 (−1.349)	1.379 (1.508)	1.190 (2.188)	2.060 (0.602)		5.393	0.413
(10)	1985	1.937 (4.409)				2.488 (2.880)	8.292	0.249

X_j：日本の産業別対世界輸出（韓国への輸出を除く）　X_k：韓国の産業別対世界輸出（日本への輸出を除く）
Y_j/L_j：日本の産業別労働生産性　Y_k/L_k：韓国の産業別労働生産性
O_j：日本の産業別生産　　O_k：韓国の産業別生産
W_j：日本の産業別平均賃金　W_k：韓国の産業別平均賃金　　（ ）内はt値。
出所：図4-1に同じ。

値はすべて正の値をとっている。すなわち、1970年時点の日本と韓国の産業別労働生産性比率はすべて1より大きい。1970年には、ここに示したすべての製造業に関し、日本が韓国よりも高い労働生産性を持っていた、いい換えれば、絶対優位を誇っていたことがわかる。これと比較優位は別物だから注意してほしい。この図は、絶対優位と比較優位の対比という面ではなかなか有用だとわれわれは思っている。

　回帰分析をした結果が表4-1である。表の最初の回帰式(1)が図4-1の回帰結果に対応している。表4-1は、1970、85年における日本と韓国の産業別対世界輸出比率を両国の労働生産性比率、生産比率、賃金コスト比率（労働生産性比率を賃金率で割り引いたものの比率）などで回帰した分析結果を示している。ここではとくに理論的根拠はないが各変数の自然対数を用いた。サンプルは木村・小浜（1995）の表1-1（10〜11頁）に示した産業からISIC3桁以外の産業を落としたものである。

　ここでは係数が有意かどうかを見たいので、カッコ内にt値を示してある。労働生産性比の係数の符号は回帰式(1)〜(4)、(6)〜(9)のいずれにおいても正で、(4)、(9)でt値が低いのを除けば、5％水準で有意である（片側検定）。生産額の比は理論からは出てこないが、より大きな産業がより多くの輸出をするというのは妥当に思えたので入れてみた。予想どおり係数は正になり、2.5％水準で有意だった（片側検定）。平均賃金比も理論の世界では、すべての産業で等しくなるべきものだが、説明変数として加えてみた。推定された平均賃金比の係数はいずれもt値が低く、統計的に有意ではない。回帰式(5)、(10)は、労働生産性を平均賃金でウェイト付けしてみたものである（賃金コスト比率）。予想どおり、回帰式(1)、(6)にくらべ係数は大きくなったが、フィットはやや悪くなるようだ。1985年はかけ離れた値をとるいくつかの産業が回帰に強い影響を与えており、1970年に比べやや信頼度の劣る結果となった。

　このような図を描いたり回帰分析をするのに必要なデータセットについて考えてみよう。付加価値、従業者数、賃金、生産のデータは国連の*Year-*

book of Industrial Statistics からとり、IMF の International Financial Statistics から得た公定為替レートで現地通貨ベースのデータをドル・ベースに直した。ここでは日本と韓国のデータが必要だったので、国連の統計を利用したが、もし必要とされるデータが日本の製造業だけならば、経産省の『工業統計表（産業編）』からも同様のデータをとることができる。貿易データは国連の Yearbook of International Trade Statistics からもとれるが、われわれは、アジア経済研究所が国連や OECD の貿易統計などから作成した貿易統計検索システム（AIDXT）を利用した。

　生産データと貿易データを同じ産業分類で実証分析しようとするとき、初めての人はたいへん不思議に思うかもしれないが、産業分類が同じではないことである。一国のみの分析で、時系列の変化を見る必要がない場合は、産業連関表を利用することにより、この問題を避けることができる。国際標準産業分類（ISIC）と標準国際貿易分類（SITC）を対照させた表を国連が出してはいるが、かなり不完全なものである。したがって、実証研究をするときは、それぞれの研究者が、自分で考えながら ISIC と SITC の対照表を作らなくてはならない。

　この分析にわれわれが用いた対照表は、木村・小浜（1995）の表1-2（12頁）である。貿易分類の場合、きわめて厄介なことに、標準国際貿易分類（SITC）だけでも三つの改訂版があり（revision の R をとって、R1、R2、R3などと表記される）、それ以外にも、BTN、CCCN、HS といった分類があり、長い時系列分析をするときには注意が必要である[2]。

　このように論文やレポートのなかに経済データを使った図表を使う場合、ちょっとした注意が必要である。いろいろな図表が考えられるが、単純な構造変化を示すような図表、回帰分析、要因分解、産業連関分析などが主なものだろう。

　構造変化を示すような図表は、本書でいえば表1-1、表1-2のようなものである。とても簡単なもので誰でもできる。しかも、このような単純な図表がさまざまなことを物語ってくれる場合もあるからバカにしてはいけない。

もちろん、同じような、たとえば相対労働生産性の推移、といった表を作っても、クズネッツがやるのと普通の大学教授がやるのでは、ちょっとしたところで大きな分析上の違いが出てくる場合が多い3)。分析的に単純なものほど力（分析力）の差が大きく出るようだ。たとえば、「独立以降のマレーシアの経済発展の概観」といった誰でも考えつく経済発展のオーバービューなどを書かせると書き手の力がよくわかる。同じデータ・資料を使っても、何をいっているのかまったくわからない論文もあれば、読むだけでマレーシア経済がすーっと頭に入る論文もある。よけいなことをいったが（よけいなことをいい過ぎるのがこの本の良い点でもあり悪い点でもある）、このような単純な図表は、作れば何とか使うことができるので、締切ギリギリに作ってもいいだろう（第1章の意見と矛盾するが……）。

　要因分解も、頑張って計算すれば何かはいえる。成長の源泉の計算なども、一種の要因分解の例である。たとえば中谷『入門マクロ経済学』の表11-1である。それによると、日本の経済成長4.53％のうち、資本ストックの成長によるものが2.59％、労働投入の増加による分が0.29％、技術進歩（残差）によるものが1.65％、といったものがそれに当たる（中谷 2007, 272頁)4)。また、小浜・浦田（1987）などのように、円高期の産業別産出変化の要因分解といった研究もある。この要因分解の方法については、木村・小浜（1995, 111-114頁）を見てほしい。この分析は、基礎データを作るのはたいへんだが、計算そのものは簡単である。基礎データ収集・作成に1カ月、計算に1～2時間というところだろうか。この時間配分さえまちがえなければ、頑張って計算すれば論文で何かはいえる。

　もちろん、データ収集・作成にはそれなりに知識・経験が必要だから、学生諸君の場合、先生の指導があっても、1カ月でデータセットができるという保証はない。しかし要因分解の場合は時間をかけて計算したものが全滅ということはまずない。これは産業連関分析についてもいえる。要因分解でも産業連関分析でも、たいていの場合、計算すれば何か経済学的に意味のあることをいうことができる。

これに対して、回帰分析の場合は、事情はおおいに異なる。生産関数の推計も同じである。いくらたくさん回帰計算をしても、全滅という可能性がないわけではない。全滅とは、回帰係数がすべて統計的に有意でないとか、有意だったが、どれも符号が経済理論的に逆だった、ということである。だから、回帰分析を中心に据えて論文を書こうとするときは、締切よりできるだけ早めに計算を済ませておくべきである。このことは卒論のテーマを相談に来る学生にいつもいっている。締切ギリギリに計算して全滅だったらどうしようもない。

われわれが回帰分析をするときは、まずエクセルで基礎データセットを作る。それからいろいろ加工して回帰分析用のデータを作る。小浜は、そのデータをJMPという統計ソフトにコピーして計算している[5]。誰でもパソコンが利用できるようになったことはたいへんいいことなのだが、その結果、何でもかんでも計算してしまう学生がよくいる。アプリケーション・ソフトの使い方の練習ならそれでもいいだろうが、経済学の論文を書くということは、まず基礎となる「経済理論ありき」であることを忘れてはいけない。学生諸君に、専門雑誌にあるようにすべて厳密に理論から回帰する式を導かなくてはいけないとはいわないが、個人であれ企業であれ、あるいはマクロ経済であれ、どのような経済的行動を前提として回帰しているかを常に考えながら計算しなくてはいけない。

2 データの切り口：時系列データと横断面データ

実証分析のタイプは大きく分けて時系列（time series）分析と横断面（cross-section）分析がある。タイムシリーズというのは、たとえば日本の1973年から2008年までの年次データ（四半期でも月次でも日次のデータでも同じこと）を使った分析をさす。クロスセクションとは、時間をある1時点に決めて、いろいろな国を比較したり（このクロスセクション分析をとくにクロスカントリー分析ということもある）、いろいろな産業を比較したりする分析

（このクロスセクション分析をときにクロスインダストリー分析というときもある）のことである。さらにタイムシリーズ・データとクロスセクション・データをいっしょにした分析もあって、そのためのデータセットはプールドデータとよばれている。特定の家計や企業を時系列で追うようなデータをとくにパネルデータあるいはロンジチュージナル・データと呼ぶ。近年、さまざまなパネルデータを用いた実証研究が数多くなされるようになってきた。しかし、統計に秘匿義務等が課されることも多く、学生諸君がアクセスするのはむずかしいケースが多いだろう。それでも、公表データだけでできることはたくさんある。

　いくつか実例をサンプルとしてあげてみよう。図4-2はタイムシリーズ・データの見本として、アルゼンチンのハイパーインフレーションのすさまじさを見るために、1960年から2008年までのGDPデフレータ指数を図示したものである。図を見ると、1970年代末までアルゼンチンのインフレはたいしたことがないように見えるが、それは大きなまちがいである。たとえば、1970年と1980年の物価を比べると、実に2400倍弱である。1980年代はもっとすごい。1980年＝100とした指数で見ると、1990年の指数は、20,893,357で、20万倍以上になったことがわかる。このように変化が大きい場合、縦軸は対数軸にしないと図が描けない。これは知っている読者も多いだろうが、ノウハウの一つである。

　図4-2のデータは、世界銀行（世銀）のWorld Development Indicators（WDI）からとった。第1章で書いたように、2010年から世銀のWDIなどのデータが、無料でダウンロードできるようになった。実証分析に関心のある読者は、一度世銀のホームページ（http://data.worldbank.org/）に行って、どうすれば、必要なデータをダウンロードできるか見ておくといいだろう（この点については第4節で後述）。

　クロスカントリーの例も一つあげておこう。図4-3は、2007年について、世銀のWorld Development Indicators（WDI）でデータのある106カ国について一人当たり所得と中等教育就学率（ネット）の関係を図示したものであ

第4章 実証分析とデータ・情報の集め方 95

図4-2 アルゼンチンのインフレ
（GDPデフレータ、1993年＝100）

資料：World Bank, WDI-2010.

図4-3 所得水準と中等教育就学率

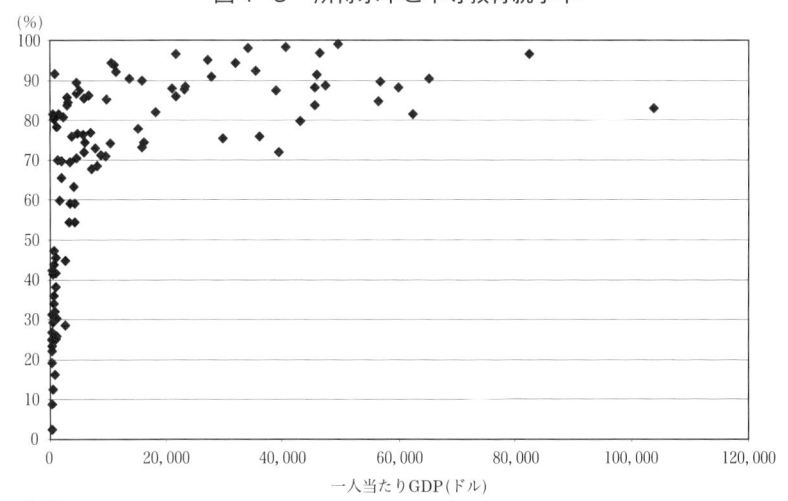

一人当たりGDP(ドル)

資料：World Bank, WDI-2010.

る。横軸に所得水準をとるとあたかも所得が上がると中等教育就学率が上がるように見えるが、縦軸と横軸を入れ替えれば、中等教育就学率が上がると所得水準が上がるようにも見える。要は、因果関係はこれだけではわからないということだ。正の相関がありそうだということはこの図からわかる。回帰分析をするのも簡単だ。先にも述べたように、われわれはマックのエクセルで図表を作っているが、そのデータを JMP という統計分析ソフトのデータ画面にコピーしてやれば、回帰は瞬時にできる（StatView というソフトもあったが、2002年に販売が停止された）。回帰してみると決定係数は0.29と低いが、係数はプラスで有意であった。

　次にクロスセクションの変化を時系列で追ってみよう。第1章の表1-2を例に説明しよう。この表は戦後日本の輸出構造変化を追ったものだ。1954年時点では日本の輸出の半分が軽工業品だったものが、次第に重工業にシフトし、2000年では4分の3が機械輸出であるということがわかる[6]。こんな単純な表でも戦後日本の発展と構造変化を物語ってくれる。要はどういう問題意識で表や図を作り、それをどう読むかだ。数字も古くなればなるほど見つけだすのはむずかしくなる。表1-2の原資料欄をかくして1955年以降のこの表を出し、1953年、54年の数字を追加しなさいといわれて簡単に見つけられたら、あなたはプロだ。どうしても古いデータが必要なら、先達に聞くにしくはない。

3　日本のデータ

『長期経済統計』

　日本は世界でもっとも経済データが整備されている国の一つである。現在、あるいはこの5年、10年の日本経済の一般的な実証分析をやるならデータの制約はほとんどないといっていい。「一般的」といったのは、たとえば、細かい製品別の品質も考慮した内外価格差の分析、といった面白い研究をするには、それなりに自分でデータを作る作業が必要だ、ということである。デ

ータベースを作る作業はたいへんだが、とても勉強になるし、ある程度やると、とても面白い。官庁や企業、シンクタンクで調査を担当している人は自分で原データにあたって、自分の分析にあったデータベースを作ることを心がけるべきだ。リサーチアシスタントがいないと自分の論文のデータすらわからない、という経済学者もいるが、そのような態度はあまり誉められたものではない。もちろん世の中にはえらい人もいて、70歳を過ぎても自分でデータを作り、グラフを描いて考えている学者もいる。

　もう少し分析期間をさかのぼって、たとえば、戦後65年の日本経済の分析をしようとすると、ことは少しやっかいである。さらにさかのぼって日本の近代経済成長過程の分析をしたいとなると、もっとたいへんだ。「近代経済成長」って何？ という読者は、クズネッツのノーベル賞記念講演（Kuznets 1973）、南（2002, 第1章）などを読むといいだろう。日本の近代経済成長は1880年代半ばにスタートしたといわれている。この過程の実証分析をするには、長期経済統計（LTES）にとどめを刺す。大川一司・篠原三代平・梅村又次編『長期経済統計』（東洋経済新報社、全14巻）の構成は以下のとおり。

　　第1巻　大川一司・高松信清・山本有造『国民所得』
　　第2巻　梅村又次・南亮進・赤坂敬子・山田三郎『人口と労働力』
　　第3巻　大川一司・石渡茂・山田三郎・石弘光『資本ストック』
　　第4巻　江見康一『資本形成』
　　第5巻　江見康一・伊東政吉・江口英一『貯蓄と通貨』
　　第6巻　篠原三代平『個人消費支出』
　　第7巻　江見康一・塩野谷祐一『財政支出』
　　第8巻　大川一司・野田孜・高松信清・山田三郎・熊崎実・塩野谷祐一・南亮進『物価』
　　第9巻　梅村又次・山田三郎・速水佑次郎・熊崎実・高松信清『農林業』
　　第10巻　篠原三代平『鉱工業』

第11巻　藤野正三郎・藤野志郎・小野旭『繊維工業』
第12巻　南亮進『鉄道と電力』
第13巻　篠原三代平・梅村又次『府県経済統計』
第14巻　山澤逸平・山本有造『貿易と国際収支』

図書館などで一度手にとって眺めてみてほしい。Ohkawa and Shinohara (1979) は、『長期経済統計』14巻の英文要約版である。英文要約といっても、データが改訂されていたりするので、こちらを使ったほうがいい場合もある。この点はちょっと専門的だから、学生諸君はあまり気にしなくていいだろう。

『日本統計年鑑』

　現在の日本経済のデータについては、総務省統計局編『日本統計年鑑』がいちばん便利だ。もちろん学部学生の卒論でもこれ1冊では不十分な場合がある。その場合でも『日本統計年鑑』の関連の表からその原データを探し、それにあたるというやり方が近道だと思う。第1章で書いたように、『日本統計年鑑』は総務省統計局の website（http://www.stat.go.jp/data/nenkan/）で、すべてエクセル・ファイルでとることができる。『日本統計年鑑』はデータの宝庫だ。しかしレポートや論文を書くときには、『日本統計年鑑』などの二次資料だけですます、といった安易なことはしないで、できるだけ原資料にあたるようにしよう。

　新しいデータを見るには、「総合統計データ月報」が便利だ。『日本統計年鑑』の「月報版」だと思えばいい。これも総務省統計局の website でとることができる（http://www.stat.go.jp/data/getujidb/index.htm）。日本政府の統計は、「政府統計の総合窓口」（http://www.e-stat.go.jp/SG1/estat/eStatTopPortal.do）からとることができる。

　総務省統計局の website をよく見ると、Statistical Handbook of Japan という英語版もあるし（http://www.stat.go.jp/data/handbook/index.htm）、「日本の長期統計系列」（http://www.stat.go.jp/data/chouki/index.htm）といったデ

ータもあることがわかる。

「日本の長期統計系列」は、日本の国土、人口、経済、社会、文化など広範な分野にわたる統計のなかから、主なものを収集・整理し、明治初期からの長期にわたる時系列データを総合的、体系的に収録したものである。昭和62～63年（1987～1988年）に刊行された『日本長期統計総覧』（総務庁統計局監修、（財）日本統計協会編集・発行）を基に、時系列データの延長を行ない、最近の社会・経済情勢の変化に対応して、『日本統計年鑑』に収録されている統計データを中心に収録項目の充実を行ない、31の分野、878表の統計表として取りまとめたものだと説明されている。

白書・年鑑・ハンドブックなど

白書や便覧といった政府刊行物、業界団体の統計類もとても役に立つ。一口に政府刊行物といってもたくさんある。いまでは政府の出す多くの白書・報告書は、インターネットでダウンロードすることができるようになった。

自分の関心、いま書かなくてはいけないテーマに応じてどのような「白書」が使えるか、普段から気にしておくといいだろう。その際、先輩や先生からそれら資料の長所短所も聞いておくといっそう利用価値が増す。

月報、年報、年鑑などもテーマに合わせて知っておくと便利だ。たとえば日本の対外直接投資についてレポート・卒論を書く場合は、第1章で説明したように、財務省の「対外及び対内直接投資状況」（http://www.mof.go.jp/1c008.htm）、JETROの「直接投資統計」（http://www.jetro.go.jp/world/japan/stats/fdi/）が役に立つだろう。経済産業省の統計のページ（http://www.meti.go.jp/statistics/index.html）に行くと、「企業」統計のなかに、「海外事業活動基本調査」、「海外現地法人四半期調査」という統計があることがわかるだろう。

旧輸銀（日本輸出入銀行）時代から行なわれている海外直接投資アンケートも見ておく必要があるだろう。国際協力銀行のwebsite（http://www.jbic.go.jp/ja/）では、海外直接投資アンケート以外にも各国の投資環境について

の調査もアップされている。各国の投資環境を知りたいときは、世銀のDoing Businessがいちばん便利だ（http://www.doingbusiness.org/）。

　東洋経済新報社から出ている『海外進出企業総覧』も有用である。『海外企業進出総覧』は「国別編」と「会社別編」で出ているので、分析目的によって使い分けるといいだろう。インドネシアに対する日本の直接投資を分析するには「国別編」を、ホンダの海外進出を知りたいなら「会社別編」を見る。このように東洋経済新報社の「データバンクシリーズ」は役に立つものが多い。主なものと挙げると、『統計月報』、『外資系企業総覧』、『地域経済総覧』などである。

　日本の貿易・国際収支などについて知りたければ、まずは、財務省のホームページに行こう（www.mof.go.jp）。「外国為替・国際通貨制度等」をクリックして、さらに「統計」をクリックすると、

　　国際収支状況
　　対外及び対内直接投資状況
　　対外及び対内証券売買契約等の状況
　　本邦対外資産負債残高
　　オフショア勘定残高
　　外貨準備等の状況
　　外国為替平衡操作の実施状況
　　開発途上国に対する資金の流れについて

といった統計がとれることがわかる。貿易や関税の統計は、財務省のホームページに行って、「関税・税関」をクリックし、さらに「貿易統計（税関HP）」をクリックすればいい。そこにある「統計表一覧」をクリックすると、細かい貿易統計、関税率などの統計がとれることがわかる。

　すべての分野について、資料ガイドをここで書くことはできない。どのような資料があるのか、さらにそれを使う場合の注意など、その分野の専門家

に聞くことがいちばんの近道なので、卒論などのテーマが決まったら、いろいろな人に相談すべきだ。

　便覧、要覧、ハンドブックなどもとても便利である。たとえば、経済企画庁調査局が出していた『経済要覧』はとても便利だった。ミニ『日本統計年鑑』のようなもので、主要統計案内までついて300ページ弱、縦16.5センチ横11センチ、重さ200グラムで2000円弱であった。海外出張時に最新版をいつも持って行ったが、インターネットベースの統計が普及して、2004年版を最後に印刷版はなくなってしまった。

　いろいろな分野で、政府や業界団体が便覧やハンドブックを出している。いくつか例をあげれば、かつては海外経済協力基金（OECF）が『海外経済協力便覧』というハンドブックを出していた。組織の統合などで、『国際協力便覧』と名を変えて国際協力銀行やJICA研究所が発行していたが、2007年版が最後のようだ。ODAのデータは、外務省のwebsite（www.mofa.go.jp）に行って、上のほうにある「ODA」をクリックすると、くわしい統計を見ることができる。

　民間団体では、鉄鋼統計委員会『鉄鋼統計要覧』、日本自動車工業会『日本の自動車工業（日本語・英語）』、電子情報技術産業協会『日本の電子工業の生産・輸出・輸入』『民政用電子機器国内出荷統計』、*Production and Export/Import of Electronic Equipment* などが便利だ。個別産業のデータについては、『経済論文の技法』の第4章を見てほしい。

普段の心がけ：日本経済データ

　普段から日本経済のデータを眺めておくことは大切な心がけだ。日本の人口はと聞かれれば、100人中99人までが1億2、3千万人と答えるだろうが、では日本のGDPは何兆円か、と聞かれて480兆円くらい、と答えられる人はとたんに100人中5人くらいに減るのではないだろうか。日本の輸出が54兆円、1ドル85円とすると、6400億ドルくらいと答えられる人もあまり多くないだろう。何も日本経済の基礎データを暗記せよといっているのではない。

しかし、基本的なデータが頭に入っていることは大切なことだ。それにはどうすればいいか。答えは簡単で、常に、好奇心を持って、いろいろな情報を見ておくことだ。

『日本経済新聞』には毎週月曜日、日本経済や先進国の経済に関する簡単な経済データを載せたページがある。このページを破って電車のなかででも眺めるのも悪くない。できれば *The Economist*、*Businessweek* などの最後のほうについているいろいろな経済データも見ておくといいだろう。たとえば *The Economist* の September 4, 2010 号の最後のページを見ると、2010年4月の外国為替市場の取引額が、2004年と比べて倍になっていることがわかる。

できるだけ日本経済の実態に関心を持って、いろんなデータを眺めて考えるのがいい。そのうち自然にいろいろなデータが頭に入ってくる。

経済データの読み方

人にもよるが、実証分析の経験を積むと、徐々に「データが読める」ようになる。実証分析の論文を書くには、「データの読み方」「数字の読み方」が決め手となる。「数字を読む」というのは、現実の経済データの背後にある経済的意味を解釈することだ。

回帰分析で推定された係数の意味を読むことも「数字を読む」ことの一部だろう。インフレ率のトレンドを読むには、歴史的な素養も経済政策の知識も必要だ。プロになると、それぞれの国が出す公式統計の「ウソ」も見破る。「数字を読む」というのは、そういうことだ。

初心者が公式統計の「ウソ」を見破るのは、むずかしいかもしれないが、少なくとも日本経済について、どのような統計があり、それをどう使い、どう解釈するか、ということに関心を持ってほしい。データの見方については、日本銀行経済統計研究会（1993）、日本経済新聞社（2004a, b）、鈴木（2006）などが参考になるだろう。

たとえば、ある国の5カ年開発計画の数字を読む例を考えよう。目標成長

率6％、計画期間の平均投資率が18％だったとしよう。この数字から、ハロッド・ドマーの式を使えば、限界資本算出比率（ICOR：Incremental Capital-Output Ratio）が3であることがわかる。次にすべきことは、その国の過去の実績から見て、投資効率のもっとも簡単な指標であるICORがどのくらいの水準で推移してきたかの実績を調べる。途上国では、5とか6といったICORはけっしてめずらしくない。このような現実的チェックをしたうえで、目の前にある数字を解釈しなくてはならない[7]。

4　世界のデータ[8]

世界各国のデータ

　先進国の統計はともかく、昔は（本書の増補版が出た1998年ころ）、途上国の公式統計を入手するのはかなりたいへんだった。いまでは各国の統計局の出している公式統計をインターネットで入手することは簡単だ。たとえば、「statistical office」で検索すれば、世界各国の統計局のページに行くことができる。「statistical office」のあとに、国名を入れれば、調べたい国の統計局を見つけることができる。最近のヨーロッパの経済危機に関心があって、ギリシャを調べようと思えば、「statistical office, Greece」で検索すれば、「National Statistical Service of Greece」が最初に出てくるだろう。ギリシャ語のページが出てきても、あわてることはない。注意深く見れば、必ず「English」あるいはイギリス国旗が見つかる。ギリシャの場合は、イギリス国旗をクリックすれば、英語のページが出てくる（http://www.statistics.gr/portal/page/portal/ESYE）。

　総務省統計局に行って、「世界の統計」を見るのも便利かもしれない（http://www.stat.go.jp/data/sekai/index.htm）。ここでも各種統計が、pdfファイルとエクセル・ファイルでダウンロードできる。「世界の統計2010」を見ると、以下のような章立てである。

諸外国の主要指標…人口，GDP，失業率，消費者物価指数
第1章　地理・気象…河川，森林面積，気象
第2章　人口…人口，寿命，婚姻・離婚，海外在留邦人数
第3章　国民経済計算…国内総生産，購買力平価
第4章　農林水産業…農業生産量，食料自給，水産物生産量
第5章　鉱工業…製造業事業所数，鉱工業生産量
第6章　エネルギー…エネルギーバランス，ガス，電力
第7章　科学技術・情報通信…研究者数・研究費，特許，電話，パソコン
第8章　運輸…交通機関，旅行
第9章　貿易…輸出入額，貿易依存度
第10章　国際収支・金融・財政…国際収支，為替相場
第11章　国際開発援助…経済協力資金，人間貧困指数，難民
第12章　労働・賃金…経済活動人口，就業者数，労働時間，賃金
第13章　物価・家計…物価指数，小売価格
第14章　国民生活・社会保障…医療，住宅
第15章　教育・文化…学校，識字率，出版物，映画
第16章　環境…大気汚染，水質，リサイクル

　韓国の『経済統計年鑑』、『中国統計年鑑』など、各国の統計年鑑があるので、時間を見つけて、関心国の統計年鑑を見ておくといい。
　アメリカも統計年鑑を出している。*Statistical Abstracts of the United States* である。商務省（Department of Commerce）のホームページ（http://www.commerce.gov/）に行くと、右方に Bureau of Economic Analysis（BEA：http://www.bea.gov/）や Census Bureau（http://www.census.gov/）がある。Census Bureau の website に行って、左方にある「Publications」をクリックすると、そこに Statistical Abstracts がある（http://www.census.gov/prod/www/abs/statab.html）。日本の場合同様、歴史統計もあって、すべ

てpdfファイルとエクセル・ファイルでダウンロードできる（http://www.census.gov/compendia/statab/hist_stats.html）。

国際機関のデータを見よう

　経済統計をコンスタントに出している国際機関の主なものとしては、OECD（経済協力開発機構）、世銀（世界銀行）、IMF、国連、地域開発銀行などがある。国連は本部だけでなく、地域経済委員会もあり、さらに常設機関、専門機関があり、それぞれの機関が専門とする統計年鑑、統計ハンドブックを出している。

　OECDは加盟国についてはありとあらゆる統計を出している。経済全般、貿易、エネルギー、金融財政、科学技術、運輸、農業、援助など、すべての分野にわたる。OECDのホームページ（www.oecd.org）に行って、どういうデータがあるか、見ておくといいだろう。OECDは東京にもオフィス（OECD東京センター）があり、そのwebsite（http://www.oecdtokyo.org/）に行って、右のほうを見ると、「主要統計」がある。そこをクリックすると、OECD本部の統計にリンクされている。

　国連本部は、統計年鑑のほか、国民経済計算、貿易、人口、エネルギー、鉱工業に関する年鑑を出しており、統計月報も出している。一度、国連のサイトに行って見ておくといいだろう（www.un.org）。ホームページに行ったら、まず言語を選ぶ。英語を選ぶなら「Welcome」をクリックする。われわれが比較的よく使う統計は、*Industrial Statistics Yearbook*、*International Trade Statistics Yearbook*、*National Accounts Statistics Yearbook*などである。ときどき統計の名称が変わることもあるので注意が必要である。全体を俯瞰するには、まずは国連の統計局に行くのが手っ取り早いだろう（http://unstats.un.org/unsd/default.htm）。

　国連には、アジア太平洋経済社会委員会（ESCAP）、ヨーロッパ経済委員会（ECE）、ラテンアメリカ・カリブ経済委員会（ECLAC）、西アジア経済社会委員会（ESCWA）、アフリカ経済委員会（Economic Commission for

表4-2 国連地域経済委員会

アジア太平洋経済社会委員会（ESCAP）
　United Nations Economic and Social Commission for Asia and the Pacific
　http://www.unescap.org/
ヨーロッパ経済委員会（ECE）
　United Nations Economic Commission for Europe
　http://www.unece.org/
ラテンアメリカ・カリブ経済委員会（ECLAC, CEPAL）
　United Nations Economic Commission for Latin America and the Caribbean
　http://www.eclac.org/
西アジア経済社会委員会（ESCWA）
　United Nations Economic and Social Commission for Western Asia
　http://www.escwa.un.org/
アフリカ経済委員会（ECA）
　United Nations Economic Commission for Africa
　http://www.uneca.org/

　Africa：ECA）といった地域経済委員会がある（表4-2）。これらの地域経済委員会はすべて統計年鑑や年報のたぐいを出している。たとえばラテンアメリカ経済について論文を書こうとすると、ECLACの統計をまず見たほうがいい。

　国連の常設機関、専門機関とはたとえば、UNCTAD（国連貿易開発会議）、UNICEF（国連児童基金）、ILO（国際労働機関）、WHO（世界保健機関）、FAO（国連食糧農業機関）、UNESCO（国連教育科学文化機関）、WTO（世界貿易機構）などを指す[9]。発展途上国の統計ならUNCTADのハンドブックが便利だし、労働に関するデータならまずILOの統計年鑑を見るべきだ。FAOはいろいろな統計を出しており、農産物、林産物、漁業の生産、貿易データがくわしい。FAOの*Production Yearbook*には、農産物の生産だけでなく、国別の耕地面積、土地生産性なども出ていて便利である。

　地域開発銀行とは、アジア開発銀行（ADBあるいはAsDB）、ヨーロッパ復興開発銀行（EBRD）、米州開発銀行（IDBあるいはIADB）、アフリカ開発

銀行（AfDB）などである。アジア開発銀行は *Key Indicators of Developing Asian and Pacific* という国別のデータを毎年出しており便利だ[10]。とくに台湾については、国際政治上の理由で国連関係の統計に出ていないので、この資料は有用である。*Key Indicators of Developing Asian and Pacific* のページ（http://www.adb.org/Documents/Books/Key_Indicators/2010/default.asp）に行って、下のほうを見ると、

> Country tables, available only in CD-ROM and through ADB's website at www.adb.org/Documents/Books/Key_Indicators/2010/Country.asp, carry a 20-year time-series of data on

とある。早速、そこをクリックすると、アジア開発銀行加盟途上国のデータが、pdf とエクセル・ファイルでダウンロードできる。台湾のデータが見たければ、「Taipei, China」をクリックすればいい。さらにくわしく台湾の経済データを見たいときは、Council for Economic Planning and Development が出している Taiwan Statistical Data Book が便利だろう（http://www.cepd.gov.tw/encontent/m1.aspx?sNo=0001453）[11]。

ヨーロッパ復興開発銀行（www.ebrd.org）は旧ソ連・東欧の開発のための銀行で、毎年 *Transition Report* というレポートを出している（http://www.ebrd.com/pages/research/publications/flagships/transition.shtml）[12]。旧ソ連、中東欧諸国の経済分析をするには必見である。あまりくわしくはないが、旧ソ連、中東欧の国別経済統計が載っている。米州開発銀行（www.iadb.org）は中南米の開発銀行であり、その地域に関する統計だけでなく、中南米のいろいろな問題についての分析レポートも出している。

IMF のデータ・情報

　IMF のデータでもっともよく知られているのが *International Financial Statistics* だろう。頭文字をとって IFS あるいは IMF-IFS などと略記される

ことも多い。この資料は monthly と yearbook があり、国別に基礎的なデータを知るには便利な統計である。為替レートに始まり、金融関連、国際収支、国民所得、人口など基礎指標はこれで間に合う。

IMF にはこれ以外によく使われる三つの Yearbook がある。国際収支の *Balance of Payments Statistics Yearbook*、貿易マトリックス・データの *Direction of Trade Statistics Yearbook*、政府財政統計の *Government Finance Statistics Yearbook* である。国別統計には台湾のデータはないが、貿易マトリックスの貿易相手国に台湾が登場してきた。

IMF はこれらの統計以外にも、春と秋に *World Economic Outlook* という短期予測を出している。また、IMF Staff Papers という専門経済誌のほか、各種のレポート、Working Paper なども出しているので、それらもフォローするといいだろう。年次報告（Annual Report）もなかなかいい情報が載っている。

IMF Survey online からはさまざまな世界経済の問題や IMF のレポートなどの簡潔な情報が得られる。IMF のホームページ（www.imf.org）に行って、右上の「Publications」をクリックし、右のほうを注意深く見ると、「IMF Survey Online Magazine」がある。そこをクリックすると、IMF Survey online のページが出てくる。そのページの左に「Stay Connected」というコーナーがある。そのなかの「Sign up for e-mail notification」で、自分の関心のある分野を登録しておくと、新しい情報が出るたびに IMF から自動的に e-mail が来る。

IMF ホームページの「Data and Statistics」に行くと、上で紹介したいろいろな Yearbook などの説明があり、電子データの説明もあるが、世銀と違って有料であり、しかもかなり高い。たとえば、International Financial Statistics Online Subscription の場合、Single-user で670ドルである（途上国の場合は無料）。一方、World Economic Outlook Databases（http://www.imf.org/external/ns/cs.aspx?id=28）は無料でエクセル・ファイルをダウンロードできるので、各国のマクロデータを見るには便利だ。

世界銀行のデータ・情報

　世界銀行（世銀）もいろいろ有用なデータを出している。すでに述べたように、世銀のデータは、2010年から無料でとれるようになった。世銀のホームページ（http://www.worldbank.org/）に行くと、左下の折れ線グラフのようなロゴの「OPEN DATA」がある。それをクリックすると、Open Dataのwebsiteが出てくる。そこにある「Countries」をクリックすると、カバーする国の範囲が出てくるし、「Indicators」をクリックすると、どういうデータがあるかがわかる。「Data Catalog」を開くと、以下のようなデータベースにアクセスできることがわかる（以上は2010年9月現在）。

　　World Development Indicators
　　Global Development Finance
　　Africa Development Indicators
　　Research Datasets and Analytical Tools
　　Millennium Development Goals
　　Global Economic Monitor
　　Actionable Governance Indicators
　　Bulletin Board on Statistical Capacity
　　Business Environment Snapshots
　　Doing Business Database
　　Education Statistics
　　Enterprise Surveys
　　Gender Statistics
　　Health Nutrition and Population Statistics
　　International Comparison Program
　　Joint External Debt Hub
　　Logistics Performance Index
　　Private Participation in Infrastructure Database

Quarterly External Debt Statistics
Worldwide Governance Indicators

　国別の一般的な経済データや時系列でつながったデータがほしいときは、World Development Indicators（WDI）が便利だ。WDI は、エクセル・ファイルでダウンロードできるが、すべてを一つのファイルにすると、191,537行・54列で、サイズは60MB もある。インターネットの設定によっては、いっぺんにダウンロードできない場合もあるかもしれない。もちろん、WDI は、「国・変数・年次」を選択的にダウンロードできるので、心配することはない。途上国の対外債務データは、World Development Indicators にもあるが、くわしい数字が欲しいときは、Global Development Finance を見るといい。

　データ以外にも世銀は数多くの国別報告書、経済発展に関連した分析に関する本、レポート、Working Paper を出版している。たとえばよく引用される「東アジアの奇跡」レポートも世銀のレポートである（World Bank 1993）。構造調整についても、いくつか評価レポートが出ているし（World Bank 1988, 1990, 1992, 2001）、アフリカの構造調整についてもレポートも出版されている（World Bank 1994）。援助についても、いくつもレポートが出ている〔たとえば、World Bank（1998, 2002）〕。開発政策を考えるうえでも、World Bank（1998）は、重要なレポートだと思う。

　世銀は、*World Bank Economic Review*、*World Bank Research Observer* という2種類の雑誌を出している。前者が専門論文中心、後者は、経済開発の関心のある非専門家を対象とする雑誌であるということになっている。IMF の場合同様、年次報告（Annual Report）も役に立つ。世銀の東京事務所が日比谷公園の前の富国生命ビルにある[13]。富国生命ビル1階に世界銀行情報センターがあり、世銀の新しい出版物などを見ることができる。

5 新しい情報・データの集め方

　立花隆がいうように、最新情報は本には書かれていない（立花 1995, 12頁）。しかし若い学生諸君が専門家のところに行ってインタビューすることはむずかしいだろう。そうすると統計月報、新聞雑誌が重要な情報源となる。図書館が充実し、研究室などで予算があれば、新聞の切り抜きは不要であり、必要なときにネットワークでクリッピング・サービスを利用すればいい。アメリカの新聞などにも簡単にアクセスできる。でもちょっといい気になって情報をとるとすぐ月10万円くらいは請求が来るから注意すること。自分の関心があるテーマについて、新聞などの切り抜きをファイルするのもいいかもしれない。しかしあくまでそれは目的ではなく手段だということをお忘れなく。

　日本の新聞はどれも同じことが書いてある場合が多いので、アメリカやイギリスの新聞にも目を通すといい。経済でいえば、*Financial Times*、*Asian Wall Street Journal*、*International Herald Tribune* などは日本で印刷しており、当日あるいは翌日には手に入る。雑誌では、*The Economist*、*Businessweek* などを日頃めくる習慣をつけるといいだろう。たとえ読まなくてもめくるだけで大差が出る。これはわれわれの経験から来るノウハウであり、多くの人が同じことをいっている。

　有料だがジェトロが週5日発行している『通商弘報』も便利な情報源だ。一度見て関心のあるテーマ、関心国については見ておくといい。翌月には国別にまとめた目次も出るので索引として利用価値がある。一度近くのジェトロの資料室で、資料を見てみるといいだろう。

　昔と違って多くの情報がインターネットで入手できる。だが、何度もいうが、情報・データは、それ自体が目的ではなく、あくまで分析のための手段だということを忘れてはならない。

1）本章の議論について、くわしくは『経済論文の技法』参照。
2）最近は、SITC よりも HS（Harmonized Commodity Description and Coding System）を使うほうが一般的だ（http://www.wcoomd.org/）。6桁分類までは、世界共通の分類である。ただし数年に一度、改訂される。JETRO の「各国の関税率を調べるには」も便利である（http://www.jetro.go.jp/library/reference/tariff.html）。
3）「クズネッツって誰？」という読者は、浅沼・小浜（2007）の「はしがき」「序章」などを読んでほしい。
4）「ソロー残差」の計算は、ほとんどのマクロ経済学の教科書に出ている。「小浜の極論」をいわせてもらえば、マクロ経済学の教科書としては、ブランシャール（Blanchard 2011）やジョーンズ（Jones 2010）の教科書のほうが趣味に合う。
5）どういう形で結果が出てくるかは、『経済論文の技法』の最後にある「統計ソフト JMP による回帰分析の例」を参照。
6）2009年の機械輸出シェアが50%くらいに下がっているが、その分、「その他」のシェアが急上昇している。この間の品目分類の変化が原因だろう。
7）ICOR の定義に戻って、その値が大きいほうが投資効率がいいのか、あるいは逆かを考えてみよう。
8）この節の内容について、くわしくは『経済論文の技法』第4章、第5章参照。
9）機関名で検索すれば、アドレスを探すのは簡単だろう。
10）アジア開発銀行の「Economics and Statistics」のページに行ってみよう（http://www.adb.org/Economics/）。2010年8月に公刊された2010年版の *Key Indicators of Developing Asian and Pacific* は322頁あるが、全文をpdfファイルでダウンロードすることができる。
11）全文を pdf でダウンロードすることができる。たとえば、2010年9月12日にアクセスしたときの Taiwan Statistical Data Book 最新版は、2009年7月6日に発表された2009年版で400頁だった。
12）全文を pdf でダウンロードすることができる。たとえば2009年の *Transition Report* は268頁である。

13) 世銀東京事務所の website（http://go.worldbank.org/420M3WFN70）に直接行ってもいいが、世銀のホームページ（http://www.worldbank.org/）から「Japan」で検索すれば、「Japan（日本語）-Tokyo Office」がすぐ見つかるだろう。

第5章

論文の書き方

1 タイトルの付け方

　論文のタイトルは軽視されがちだが、しっかりと考えなくてはいけない。当たり前のことだが、論文であれ本であれ、内容がよくわかるタイトルを付けなくてはならない。あまり一般的すぎるタイトルもよくないし、よくわかるようにとあまり長すぎるタイトルもよくない。卒論などのタイトルの場合に、字数制限のある大学もあるようだ。

　一般的なタイトルが好きなら、サブタイトルを工夫するのもいいかもしれない。たとえば、Ohkawa and Kohama (1989) のタイトル、サブタイトルは、*Lectures on Developing Economies —Japan's Experience and its Relevance* である。タイトルの「Lectures on Developing Economies」は、訳せば「経済発展論」あるいは「途上国経済論」である。本の中身からしてサブタイトルに「Japan's Experience and its Relevance」をつけて、日本の経済発展の経験を現在の途上国にどう適用するか、という問題意識で書かれた経済発展論だということがわかる。大川先生も小浜もこのサブタイトルを結構気に入っていた。

　岡崎・奥野 (1993) は、『現代日本経済システムの源流』というタイトルである。この本にはサブタイトルはついていないが内容がよくわかっていいタイトルだと思う。とくに省略して『源流』といえるのもいい[1]。本と違って論文のタイトル場合は、もう少し特定化したほうがいいだろう。

　学術論文の場合、多くの人は題名だけしか読まないと考えるべきだ。うまいタイトルをつければ「要約を読んでくれる」かもしれない。さらにその要約が魅力的だったら、「イントロと結論を読んでくれるだろう」くらいに考えておくべきだ。

2 構成・節立て

　論文を書く場合、必ずイントロダクションと結論は書く。もちろん「イントロ」という節でなく「はじめに」でもいいし、できれば、あとでも述べるように、意味のある節タイトルのイントロのほうがいい。結論のない論文もよく見かけるが、それではなぜ論文を書いたのかわからない。論文を書くのは、結論を書くためだ。

　短い論文は「節」からなる。400字30枚くらいの論文を「第1章」などと始めてはいけない。では何をもって「章」と呼ぶかというのはなかなかむずかしい。量的に長ければ章というわけではなく、あるまとまりをもって独立して読むことができるもの、ということはできるだろう。

節・章の番号
　節番号、章番号の付け方に決定版はない。一般的なものを示せば、たとえば、

　　章　　I、II、III、IV、V、……
　　節　　(1)、(2)、(3)、(4)、(5)、……
　　項　　(a)、(b)、(c)、(d)、(e)、……
　　文中　(i)、(ii)、(iii)、(iv)、(v)、……

あるいは、

　　第1章、第2章、……
　　第1節、第2節、……
　　第1項、第2項、……
　　文中は、①、②、③、……

といったところだ。節、項の前は1行空けることが多いし、章は新しいページから始めるのが普通だろう。もちろんこれ以外にもさまざまなスタイルがあるだろう。フォーマットの指定がない場合は、自分の気に入ったスタイル

を首尾一貫して使えばいい。

典型的な目次例

以下いくつかのカテゴリーに分けて典型的な目次例を示そう。

(A) 実証研究の学術論文の場合

表紙（題名、著者、所属、日付、（JEL code：*Journal of Economic Literature* で使われている分野の分類コード[2])）（キーワード）（謝辞 = acknowledgment））

要約（ある程度以上の長さの論文には要約をつけること）

第1節　イントロダクション（「イントロ」でなく、もう少し内容を反映した名前をつけるほうが望ましい）

第2節　文献サーベイあるいは関連する先行研究の要約（論文の位置づけを行ない、目的をはっきりさせる。イントロダクションに入れてもよい）

第3節　方法論の説明

第4節　データの説明（短ければ、方法論といっしょにしてもよい）

第5節　結果の提示（図表の説明は、図表を見なくても大意が取れるように）

第6節　分析、考察

第7節　まとめ、結論、今後の課題

参考文献

図表（後述のように、本文中に「貼り込む」、あるいは「挟み込む」場合もあるが、参考文献の後にまとめてもいい。文中に入れる場合には、本文でその図表が最初に言及されている段落もしくはページのすぐ後に入れる）

補論（appendix）

(B) 理論の学術論文の場合

上の第3節、第4節、第5節、第6節の代わりに理論の展開の節がくる。

(C) 文献・論文の批判的レビューの場合
　　第1節　問題提起もしくは主要な主張点の提起
　　第2節　文献・論文の内容の要約
　　第3節　議論
　　第4節　その他の細かい点
　　第5節　結論、今後の課題

(D) プロポーザル
　プロポーザルというのは、本来は、研究補助の申請をするときなどに作成するものである。博士論文作成の際などにも、プロポーザルの提出が義務づけられていることが多く、その場合は博士論文に値するテーマであるかどうか、フィージブル（実行可能）な研究プロジェクトかどうかを判定する材料とされる。
　われわれは、学部の卒業論文作成に当たっても、プロポーザルを半年以上前に提出してもらって、卒論プロジェクトのフィージビリティーを確認するのに用いている。量としては、ワープロで2～6枚程度のものと考えていいだろう。
　そこには、執筆者、題名、研究の背景（1～2段落）、研究の目的（1段落）、方法論、予想される主要な結論、参考文献、研究計画（タイムテーブル）、さらに必要な場合は予算などを簡潔に記すのが普通である。

(E) 学部の卒業論文の場合
　　表紙（題名、卒業予定年月、大学・学部名、学籍番号、筆者氏名）
　　謝辞（acknowledgements）（なくてもよい）
　　前書き、前文（なくてもよい）
　　目次（本文以前は小文字のローマ数字によるページ打ち、本文以下はアラビア数字によるページ打ち）
　　図表リスト（場合によっては、この後に list of abbreviations や glossary を入

れる）
要約（あったほうがよい）
本文（目次構成：第 x 節、第 x 項）
第1節　イントロダクション、序論（短い場合には「節」としなくてもよい。しかし、しっかり書かなくてはいけない）
第2節　文献サーベイ（論文の位置づけを行ない、目的をはっきりさせる。イントロダクションに入れてもよい）
第3節以下　本論（それぞれの章が上記のような独立論文と同様の形式をとる）
第（4＋x）節　まとめ、結論、今後の課題
図表（「貼り込み」、「挟み込む」か章末につけたほうがよいか、それとも巻末にまとめたほうがよいかも考える）
補論、付録（appendix。必要な場合のみ。節ごとにつけたほうがよい場合（たとえば定理の証明やデータソースの説明など）もあるだろう）
参考文献（卒論などの場合には、同じ文献に何度か言及することがあるだろうから、論文の最後にまとめたほうがいいだろう）

3 参考文献の書き方

参考文献の範囲

　参考文献リストに載せる文献は原則として引用した文献に限る。引用していなくても参考文献であるという考え方はわかるが、一般的には引用文献だけでかなりの数になるので、引用した文献に限るのがいいと思う。

注ではなく参考文献リストで

　卒論でフォーマットが指定されていたり、ジャーナルに投稿する際にそのジャーナル指定のフォーマットがあるときは別にして、参考文献は、注ではなく、論文や本の最後に参考文献リストをまとめて作って、その情報にもとづいて引用すべきだと思う。

注で引用する場合、同じ本・論文が2度目に出てくる際、「小浜・木村前掲書」などとすることもあるが、少し離れるとそれが何か忘れてしまうことも多い。その意味からも、以下説明するように、論文末、あるいは巻末の参考文献リスト方式が合理的だ。それに参考文献リストを見るだけでどんな論文か、どんな本かわかるという利点もある。

文献だけの引用は本文中に

　文献の名前、あるいは引用箇所だけを示したい場合は注にはせず、本文中に書くほうがいいと思う。たとえば、

　　下請け制度は、資本集約的な導入技術を労働集約的な技術に修正する働きをするかもしれない。さらに関連企業方式は、社内の一部門で内製するのと比べてはるかに長期の競争を激しくする（小池 1993, 73頁）。

のように、引用箇所の最後に（ ）に入れて引用ページを示す。もちろん、「73頁」でなく、「73ページ」でもかまわないが、「2文字分スペースが節約できる」などと小浜はつまらないことを考える。あるいは以下のような書き方もあるだろう。

　　塩沢（1990, 345頁）は「動的概念としての社会の技術的能力とは、このような、変化に対応し、問題をみつけ、それを解決していく社会全般にそなわっていると見られる能力をいう。この能力は、……」と指摘している。

さらに、

　　世銀、IMFの構造調整融資については、小浜（1998, 第7章）参照。

であるとか、

　　幼稚産業保護論については、伊藤・清野・奥野・鈴村（1988, 第4章）参照。

のように引用するのがいいだろう。伊藤元重・清野一治・奥野正寛・鈴村興太郎『産業政策の経済分析』のように著者が4人もいる場合は、誤解が生じない限り、本文中に4人の名前を書かずに、

幼稚産業保護論については、伊藤他（1988, 第4章）参照。
としてもかまわない。これは英語の文献でも同じで、

CES生産関数のオリジナル論文は、Arrow, Chenery, Minhas, and Solow (1961)である。

と書いてもいいし、

CES生産関数のオリジナル論文は、Arrow, et al. (1961)である。

としてもいい。「et al.」は「*et al.*」とイタリックであるべきだと考える人もいる。そこの所は統一されていればいいと思う。

2人の論文の場合は、たとえば、

Kohama, Hirohisa and Shujiro Urata. "The Impact of the Recent Yen Appreciation on the Japanese Economy." *Developing Economies*, Vol. 26, No. 4, December 1988.

のように初めの著者だけ「姓」「名」にして次の著者は「名」「姓」にしてもいいし、

Kohama, Hirohisa and Urata, Shujiro. "The Impact of the Recent Yen Appreciation on the Japanese Economy." *Developing Economies*, Vol. 26, No. 4, December 1988.

のように、2人とも「姓」「名」の形でもいい。2人の著者の間に

Kohama, Hirohisa, and Shujiro Urata. "The Impact of the Recent Yen Appreciation on the Japanese Economy." *Developing Economies*, Vol. 26, No. 4, December 1988.

のように「カンマ」を入れるかどうかも決まりはない。引用するときはどちらも、

Kohama and Urata (1988)

とする。

3人以上の論文の場合はちょっと迷うかもしれない。本書では、

Arrow, Kenneth J., Hollis B. Chenery, Bagicha S. Minhas, and Robert M. Solow. "Capital-Labor Substitution and Economic Efficiency." *Review of Economics and Statistics*, Vol. 43, No. 3, August 1961.

のようにしている。全員を「姓」「名」の順にすると、著者の区切りを示す「カンマ」と姓名の区切りのそれとごちゃごちゃになるので、

Arrow, Kenneth J.; Chenery, Hollis B.; Minhas, Bagicha S.; and Solow, Robert M. "Capital-Labor Substitution and Economic Efficiency." *Review of Economics and Statistics*, Vol. 43, No. 3, August 1961.

のように「；」で区切る場合もある。

　通称がよく知られている白書のような場合、この原則どおりでなくてもいいと思う。たとえば外務省国際協力局が毎年出している『政府開発援助白書』は『ODA白書』という通称がよく使われる[3]。したがって、文中で引用する場合、

　　外務省経済協力局（1995，上巻，6頁）によれば、我が国ODAのアンタイド率は、DAC加盟国の中でもかなり成績はいい。

とする代わりに、

　　『ODA白書（1995年，上巻，6頁）』によれば、我が国ODAのアンタイド率は、DAC加盟国の中でもかなり成績はいい。

とか、

　　『ODA白書（1995年）』によれば、我が国ODAのアンタイド率は、DAC加盟国の中でもかなり成績はいい（上巻，6頁）。

のように書いてもいいだろう。ただし「通称」を使う場合は、参考文献リストも「G」のところに、

　　外務省経済協力局『我が国の政府開発援助』各年。→『ODA白書』

と書くと同時に「O」のところには、

　　『ODA白書』→外務省経済協力局『我が国の政府開発援助』

のようにきちんと書き、どちらからでもわかるようにしておかなくてはいけない。

参考文献リストの書き方
(A) 英語と日本語を分けるか

　参考文献リストを日本語の文献と英語の文献に分けてリストを作る場合がある。われわれは、英語も日本語も混ぜて一つの参考文献リストにするのがいいと思うが、これも好みの問題だろう。参考文献リストのフォーマットが指定されていない場合は、どちらでも自分の好きにすればいい。

(B) 外国語の本・ジャーナルはイタリック、論文は「 」、本は『 』

　本の場合は、

　　青木昌彦『経済システムの進化と多元性──比較制度分析序説』東洋経済新報社、1995年。

　　Rodrik, Dani ed. *In Search of Prosperity: Analytic Narratives on Economic Growth.* Princeton, N. J.: Princeton University Press, 2003.

　　Arrow, Kenneth J. "The Economic Implications of Learning by Doing." *Review of Economic Studies,* Vol. 29, No. 3, June 1962.

のように、英文の場合はイタリックに、日本語（中国語）文献の場合は『 』に入れるほうがいいだろう。上の例にあるように、ジャーナル名もイタリックにする場合が多いようだ。

　日本語論文の場合は、

　　浅沼萬里「調整と革新的適応のメカニズム──自動車産業における部品取引の構造」伊丹・加護野・伊藤（1993d）所収。

のように、「 」に入れるほうが多いと思う。英文の論文の場合は、

　　Rodrik, Dani. "Trade and Industrial Policy Reform," in Behrman and Srinivasan（1995）.

のように、" " に入れる場合と、

　　Rodrik, Dani. Trade and Industrial Policy Reform. In Behrman and Srinivasan（1995）.

のように、入れない場合がある。著者の後がカンマかピリオドかも意見が分

かれるところだ。これも統一すればいい。ジャーナルに投稿する場合は、それぞれのフォーマットに合わせる。論文の最後がカンマの場合は、「in Behrman and Srinivasan（1995）.」のように「in」は小文字に、ピリオドの場合は、「In Behrman and Srinivasan（1995）.」のように「In」の最初は大文字がいいように思う。

　論文のタイトルの名詞などをすべて大文字から始めるかどうかについても、絶対の規則はない。

　　Rodrik, Dani. "Trade and industrial policy reform." In Behrman and Srinivasan（1995）.

のように、論文タイトルの最初だけ大文字であとは小文字というスタイルもある。

(C) 英語の本は出版地と出版社、日本語の本は出版社だけ

　本の表記は英文と日本文とで少し違う。

　　香西泰『高度成長の時代』日本評論社、1981年。

　　Kreinin, Mordechai E. *International Economics ― A Policy Approach*. Orlando, FL: The Dryden Press, 7th ed., 1995.

　　World Bank. *Adjustment in Africa ― Reforms, Results, and the Road Ahead*. A World Bank Policy Research Report, Washington, D.C.: World Bank, 1994.

のように、日本語の場合、著者、書名、出版社、出版年でいいが、英文の場合、著者、書名、出版地、出版社、出版年を書くことが多い。出版地も、ニューヨークやワシントンのように誰でも知っている都市の場合は、州名は書かず、オーランドのように知らない人も多い地名のときは、州名も入れるのが普通だ。

(D) インデント（字下げ）

　参考文献リストのインデントの仕方は、大きくいって3通りあるように思

う。このうちどれを採用してもいいが、本書の参考文献リストのような第一のスタイルがいちばん見やすいように思う。

　第一のスタイルは、以下に示すように1文献（論文でも著書でも）が2行以上に渡る場合は、2行目以降をインデントするというやり方である。

　　岡崎哲二・奥野正寛編『現代日本経済システムの源流』（シリーズ・現代経済研究6）日本経済新聞社、1993年。
　　大川一司・南亮進編『近代日本の経済発展――「長期経済統計」による分析』東洋経済新報社、1975年。
　　Ohkawa, Kazushi and Miyohei Shinohara eds. *Patterns of Japanese Economic Development — A Quantitative Appraisal*. New Haven: Yale University Press, 1979.

これに対し次に示すように、1行目をインデントするというやり方もある。これは書く方からすると（ワープロを打つ方からすると）手間は少ないが、われわれの趣味ではない。

　　岡崎哲二・奥野正寛編『現代日本経済システムの源流』（シリーズ・現代経済研究6）日本経済新聞社、1993年。
　　大川一司・南亮進編『近代日本の経済発展――「長期経済統計」による分析』東洋経済新報社、1975年。
　　Ohkawa, Kazushi and Miyohei Shinohara eds. *Patterns of Japanese Economic Development — A Quantitative Appraisal*. New Haven: Yale University Press, 1979.

さらに1文献ごとに頭に中黒（・）をつけるというスタイルもある。ただしこの場合は、2行目以降が「・」より前に出ないようにしたほうが見栄えがいい（ワープロでは簡単）。

　　・岡崎哲二・奥野正寛編『現代日本経済システムの源流』（シリーズ・現代経済研究6）日本経済新聞社、1993年。
　　・大川一司・南亮進編『近代日本の経済発展――「長期経済統計」による分析』東洋経済新報社、1975年。

・Ohkawa, Kazushi and Miyohei Shinohara eds. *Patterns of Japanese Economic Development — A Quantitative Appraisal.* New Haven: Yale University Press, 1979.

これ以外にもさまざまなフォーマットがある。卒論やレポートの場合は、とくに指定がなければ、要は一つの原則に従って文献リストを作ればいい。ただし、ジャーナルに投稿する場合は、そのジャーナル特有のフォーマットがあるからそれに合わせなくてはいけない。前にも述べたように、理科系中心のようだが、ジャーナルのフォーマットを指定しさえすれば、文献にマークするだけで簡単に参考文献リストができるソフトもあるようだ。

(E) 順番は著者名のアルファベット順に

参考文献リストは、著者の姓（ファミリー・ネーム）のアルファベット順に並べる。本書の参考文献リストを見てほしい。外国人の名前は、まずは次に示すように、ファミリー・ネームから始める。できるだけ、「Kuznets, S.」でなく、「Kuznets, Simon.」のようにファースト・ネームをきちんと書いておくことが望ましい。

Kuznets, Simon. "Modern Economic Growth: Findings and Reflections." *American Economic Review*, Vol. 63, No. 3, June 1973.

アルファベットの名前は問題ないが日本人の名前の読み方はむずかしい。「木村」の読み方をまちがえる人はいないが、「小浜」の場合は、「こはま」なのか「おばま」なのか、はたまた「こばま」なのかはすぐにはわからない。論文や本を読んだとき、きちんと著者の名前の読み方を記録すべきだ。本の場合は、最後のページ（奥付のあるページ）に必ず著者の名前の読み方がある。日本語論文の場合、英文要約があれば、筆者の名前の読み方がわかる。

日本人・日系人の英語文献のとき、名前の綴りには注意が必要だ。固有名詞の綴りは個人の趣味の問題だからいくら考えてもわからない。大川一司の「大川」は Ohkawa、大来佐武郎の「大来」は Okita、ハリー・オーシマは、Oshima である。伊藤隆敏の「伊藤」は Ito、伊藤元重の「伊藤」は Itoh で

ある。伊藤隆敏氏と伊藤元重氏は若いときいっしょにアメリカに留学し、将来、読者が迷わないように、「h」で区別しようと話し合ったといわれている。論文や本を読んだときには注意して綴りを記録するようにしよう。

　同じ著者の文献は論文、著書を問わず、古い順に並べる。日本語の文献の場合は、

　　梅棹忠夫『知的生産の技術』岩波新書、1969年。
　　梅棹忠夫『夜はまだあけぬか』講談社文庫、1995年。
　　梅棹忠夫『文明の生態史観』中公文庫（改版）、1998年。（中央公論社、
　　　1967年）

のように並べる。外国語の文献の場合も以下に示すように古い順に並べる。

　　Rodrik, Dani ed. *In Search of Prosperity: Analytic Narratives on Economic Growth*. Princeton, N. J.: Princeton University Press, 2003.
　　Rodrik, Dani. "Growth Strategies." In Aghion and Durlauf（2005）.

　同じ著者の文献が続く場合、

　　梅棹忠夫『知的生産の技術』岩波新書、1969年。
　　――『文明の生態史観』中公文庫、1974年。
　　――『夜はまだあけぬか』講談社文庫、1995年。

のように二つ目の論文以降の著者名を書かずに、「――」とする場合もある。これは英語の文献でも同じだが、現在のようにワープロを使う場合は、コピーすればいいわけだから手間はほとんどかからないので、「――」ではなくきちんと書いたほうがいいだろう。

　英語と日本語の文献をいっしょにリストを作る場合、英語、日本語を気にせず、これまた同じ著者の発表の古い順に並べる。

　　Asanuma, Banri. "Manufacturer-Supplier Relationships in Japan and the Concept of Relation-Specific Skill." *Journal of the Japanese and International Economies*, Vol. 3, No. 1, March 1989.
　　浅沼萬里「調整と革新的適応のメカニズム――自動車産業における部品取引の構造」伊丹・加護野・伊藤（1993d）。

同じ著者が同じ年に複数の本や論文を出している場合は、以下に示すように（a）、（b）、（c）、……をつけて区別し、文中などに引用する場合は、伊丹・加護野・伊藤（1993d）のようにする。

 伊丹敬之・加護野忠男・伊藤元重編『リーディングス日本の企業システム1　企業とは何か』有斐閣、1993年。（a）

 伊丹敬之・加護野忠男・伊藤元重編『リーディングス日本の企業システム2　組織と戦略』有斐閣、1993年。（b）

 伊丹敬之・加護野忠男・伊藤元重編『リーディングス日本の企業システム3　人的資源』有斐閣、1993年。（c）

 伊丹敬之・加護野忠男・伊藤元重編『リーディングス日本の企業システム4　企業と市場』有斐閣、1993年。（d）

出版年を最後にもってくるのでなく、

 伊丹敬之・加護野忠男・伊藤元重編（1993a）『リーディングス日本の企業システム1　企業とは何か』有斐閣。

 伊丹敬之・加護野忠男・伊藤元重編（1993b）『リーディングス日本の企業システム2　組織と戦略』有斐閣。

のように著者の次に書くというやり方もよくある。その場合は、上の例のようにa、b、c、……は（　）を付けずに出版年の後ろにもってくる。この場合（　）でなく、

 伊丹敬之・加護野忠男・伊藤元重編［1993a］『リーディングス日本の企業システム1　企業とは何か』有斐閣。

 伊丹敬之・加護野忠男・伊藤元重編［1993b］『リーディングス日本の企業システム2　組織と戦略』有斐閣。

のように［　］にするほうが合理的だという編集者もいる。これは本文中に（　）して引用する場合、

 下請け制度は、資本集約的な導入技術を労働集約的な技術に修正する働きをするかもしれない。さらに関連企業方式は、社内の一部門で内製するのと比べてはるかに長期の競争を激しくする（小池［1993］，73頁）。

のようにできるという理由による。本書では、先にも書いたが、

> 下請け制度は、資本集約的な導入技術を労働集約的な技術に修正する働きをするかもしれない。さらに関連企業方式は、社内の一部門で内製するのと比べてはるかに長期の競争を激しくする（小池1993, 73頁）。

のように（ ）のなかに文献を引用する場合、著者名と出版年の間を「半角」あけ、そして次に「,」を打ってページを書くようにした。これも絶対の原則はない。フォーマット指定がない場合は、見やすく自分の好みにあった統一原則で書けばいいと思う。

　意見が分かれるのが単著、共著の並べ方だ。いちばん機械的なのは、以下のように単著共著を問わず第一著者のアルファベット順で、あとは年の古い順に並べるというやり方である。

> 小浜裕久・浦田秀次郎「内需ハイテク型に転換する日本経済」『ECONOMICS TODAY』、Autumn 1987。
>
> 小浜裕久『ODAの経済学』日本評論社、1992年。
>
> 小浜裕久・柳原透編著『東アジアの構造調整』日本貿易振興会、1995年。
>
> Kohama, Hirohisa. "Japan's Development Cooperation and the Economic Development in East Asia." In Takatoshi Ito and Anne O. Krueger eds. *Growth Theories in Light of East Asian Experience*, Chicago: University of Chicago Press, 1995.
>
> 小浜裕久・渡辺真知子「日本はどう変わったか２：経済構造変化と国民生活（戦後日本の経済発展と構造変化２）」『経済セミナー』1995年５月号。
>
> 小浜裕久「サブサハラ・アフリカの構造調整――アジアの構造調整との比較」『世界経済評論』1995年12月号。

これには異論があって、というより、単著の本・論文が先で、それを年代順に並べ、ついで共著の論文を年代順に並べるというのが多数派のようだ。*The Chicago Manuals of Style* にはそう書いてある。あとで述べるように *The Chicago Manuals of Style* はこのようなフォーマットに関する基本文献

である。上の例でいえば、

    小浜裕久『ODAの経済学』日本評論社、1992年。

    Kohama, Hirohisa. "Japan's Development Cooperation and the Economic Development in East Asia." In Takatoshi Ito and Anne O. Krueger eds. *Growth Theories in Light of East Asian Experience*, Chicago: University of Chicago Press, 1995.

    小浜裕久「サブサハラ・アフリカの構造調整――アジアの構造調整との比較」『世界経済評論』、1995年12月号。

    小浜裕久・浦田秀次郎「内需ハイテク型に転換する日本経済」『ECONOMICS TODAY』、Autumn 1987。

    小浜裕久・渡辺真知子「日本はどう変わったか2：経済構造変化と国民生活（戦後日本の経済発展と構造変化2）」『経済セミナー』1995年5月号。

    小浜裕久・柳原透編著『東アジアの構造調整』日本貿易振興会、1995年。

のように単著の文献をまず年代順に並べ、共著の文献は2番目の著者のアルファベット順で並べる。このスタイルが多数派かもしれないが、要は合理的でわかりやすい首尾一貫した原則にしたがって並べてあればいいということだ。本文なり、注に文献が引用されていて、それを読者が図書館で探すことができれば用は足りる。

（F）中国人の名前はどうするか

　日本語でもなく、しかも英語あるいはローマン系の言葉でもないときはどうするか。たとえば中国人が日本語で書いた論文をどこに入れるか、というのはむずかしい。たとえば劉さんの論文を、Ryu と読んで「R」のところに入れるか、という問題である。大塚啓二郎・劉徳強・村上直樹『中国のミクロ経済改革――企業と市場の数量分析』（大塚・劉・村上 1995）の参考文献リストは、「英文」と「邦文および中国語文献」に分かれており、劉徳強氏の名前の綴りは、Liu Deqiang だが、劉さんの日本語論文は、「L」のとこ

ろでなく「R」のところに入っている。

(G) 本の1章分の場合

　論文集や分担執筆の本の一つの章は論文だからそれなりに表現すればいい。本書の参考文献リストでは、一つの本から二つ以上の論文を引用するときと、一つしか引用しないときを若干区別した。たとえば、その本から1論文しか引用していない場合は、

　　米倉誠一郎「共通幻想としての日本型システムの出現と終焉」森川英正・米倉誠一郎編『高度成長を超えて（日本経営史5）』岩波書店、1995年所収。

のように、著者、論文名の後にその論文が入っている本の編者、書名、出版社、出版年を書く。もし同じ本から二つ以上の論文を引用した場合には、まず、

　　森川英正・米倉誠一郎編『高度成長を超えて（日本経営史5）』岩波書店、1995年。

のように、本そのものを参考文献リストに載せ、それを利用して、

　　米倉誠一郎「共通幻想としての日本型システムの出現と終焉」森川・米倉（1995年）所収。

とする。このほうがスペースの節約になると思う。英語の文献でも原則は同じだ。たとえば、以下の *Handbook of Development Economics* Volume 3B から論文を2本以上引用した場合は、

　　Behrman, Jere and T. N. Srinivasan eds. *Handbook of Development Economics*, Volume 3B. Amsterdam: North-Holland, 1995.

のように、本そのものをリストに載せた上で、

　　Corbo, Vittorio and Stanley Fisher. "Structural Adjustment, Stabilization and Policy Reform: Domestic and International Finance." In Behrman and Srinivasan (1995).

とする。もしこの本（*Handbook of Development Economics* Volume 3B）から

第5章　論文の書き方　133

1論文しか引用していないなら、

> Corbo, Vittorio and Stanley Fisher. "Structural Adjustment, Stabilization and Policy Reform: Domestic and International Finance." In Behrman, Jere and T. N. Srinivasan eds. *Handbook of Development Economics* Volume 3B. Amsterdam: North-Holland, 1995.

のようにすればいい。

(H) ジャーナルの号数・ページは

引用文献の情報はできるだけくわしいほうが親切である。したがって、文献データベースの情報としては、ジャーナルに出た論文の場合、ジャーナル名の後に、巻数、号数、月、年、ページを書いておく必要がある。何度もいうように、一部でも読んで、引用するかもしれないと思ったら、まめにワープロでも何でもいいから、電子情報として「ジャーナル、巻数、号数、月、年、ページ」をきちんと書いておく。文献リスト風に書けば、

> Asanuma, Banri. Manufacturer-Supplier Relationships in Japan and the Concept of Relation-Specific Skill. *Journal of the Japanese and International Economies*, Vol. 3, No. 1, March 1989, pp. 1-30.

ということになる。学生諸君は、できるだけこのような表記を心がけるべきだろう。しかし、読者が図書館で探すことができさえすればいいということなら、ジャーナルの年と月だけでもいいかもしれないし、あるいはジャーナルと巻数とページ、という表記もある。要はここでも一つの原則で参考文献リストを作ればいいということだ。

たとえば、North Holland の *Handbook of Development Economics* Vol.3B の Chapter 44（Corbo and Fisher 1995）と Chapter 45（Rodrik 1995）では参考文献の書き方が統一されていない。Corbo and Fisher（1995）の参考文献リストには、ジャーナル・ペーパーは、ジャーナル名、巻数、号数、月、年、ページが書いてある。しかし、Rodrik（1995）の参考文献リストには、ジャーナル名、巻数、年、ページしか書いていない。同じ本でこういう不統一は

望ましくない。これくらい厚い本になると、章ごとにスタイルをチェックする編集者が違うからなのだろうか。

(1) スペルチェッカーを利用する

　日本語の論文の参考文献リストにも英語の文献が多いだろう。いまはワープロが自動的にスペルチェックをしてくれるので、綴りのまちがいはかなり避けることができる。「the」を「teh」と打ったり、「financial」を「fiancial」とまちがったり、「ss」とするところを「s」と打ったりすることは誰にでもある。

　固有名詞が辞書にないときは、いちいち聞いてくるのでちょっとうるさいが、それは無視すればいい。

4　注の付け方

　読む立場からすると、論文末や巻末に置かれる注（endnote）よりも、本文と同じページの下に少し小さいポイントの活字でついている脚注（footnote）のほうが圧倒的に読みやすい。ふだん自分が使っているワープロソフトで脚注がソフトの機能として簡単にできれば、そうしたらいい。しかし、自分の使っているワープロソフトで脚注を付けるのがむずかしければ、論文やレポートの最後にまとめて注を付けてもいい。

　注番号をページごとに1、2、3と付けてある論文を見かけるが、混同することもあるので、章ごとに通し番号にすべきだ。短い論文の場合は、全体で通し番号でいいだろう。

　注の番号の付け方も、これが絶対という原則はない。

　　　東アジア経済について議論が盛んなTFP（全要素生産性）の伸びだけの
　　　議論はあまりに限定的すぎる[7]。

といったスタイルが一般的だろうか。もちろん、

　　　東アジア経済について議論が盛んなTFP（全要素生産性）の伸びだけの

議論はあまりに限定的すぎる7)。

でもいいし、

東アジア経済について議論が盛んな TFP（全要素生産性）の伸びだけの議論はあまりに限定的すぎる(7)。

東アジア経済について議論が盛んな TFP（全要素生産性）の伸びだけの議論はあまりに限定的すぎる(注7)。

でもいい。これは、小浜・渡辺（1996）第7章の注7である（229頁）。ちなみに、この注は以下のようなものである。

　　7）この点については、Krugman（1994）参照。クルーグマンに対する代表的反論としては、*Foreign Affairs*（Letters to the Editor）, March/April 1995、とくにロドリックの反論参照。シンガポールのリー・クアン・ユーは「シンガポール経済とソ連経済を同列に論ずるのは、あたかもシンガポール航空とアエロフロートを同列に論ずるようなものだ」と皮肉っている（*Far Eastern Economic Review*, January 11, 1996, p.11）。われわれの感じでは、クルーグマンも議論を楽しんではいるが、これをそれほどまじめにいっているとは思わない。

　脚注なら番号は要らない、という考え方もあろう。そのページの最初の注には「＊」2番目には「＊＊」といった記号を付ける。速水（2000）はこのスタイルである。しかし、先にも述べたように、章ごとに注番号を通しでつけたほうがいいと思う。

5　図表の付け方

　本やジャーナルのように活字になった場合は、図表は引用した近くに出てくる。しかし、出版前の原稿、あるいはレポートや卒論・修論、博士論文の場合には、図表は本文で引用した位置に入れるという考え方と、論文の最後にまとめてつけるという考え方がある。引用した位置に入れる場合も、同じページの上半分や下半分に図や表を入れるやり方と、ワープロと図表を分け

て印刷して通しページを打つという考え方がある。いまのワープロソフトでは、図表を貼り込むことは簡単だ。

当たり前すぎることだが、図表にはその内容がよくわかる題名を付けること。学部の卒論などを読んでいると、図表番号だけあってタイトルのない図表にときどき遭遇するが、きちんとタイトルを付けなくてはいけない。

第2章でも書いたように、図表には必ずデータの出所を書かなくてはいけない。それを読んだ人が実際に同じ図表がつくれなくてはいけない。人の図表を借りてきた場合も、その本なり論文とページをきちんと書く。具体的には第4章の図表を見ておいてほしい。英語の論文の場合、自分が書いた論文の図表を引用する場合も、出版社からの許可の手紙をとれといわれることもある。学術論文の場合、許可が出ないことはまずないとはいえ、このようなアメリカのやり方は「やりすぎ」だ（小浜の極論？）。

これも第2章で述べたことの繰り返しだが、図表にはそれを加工した際の細かい注を表のなかに書いておかなくてはいけない。時系列データがある年から定義が変わって厳密には連続データではないとか、ある計算をしてその数字を作ったとか、細かい産業分類の変更に関する注などを書いておく。できれば他人が見てもわかるくらいにくわしいほうがいい。1ヶ月も経てば、自分が作った表も他人の表みたいになることもある。もちろん実際に提出する表にそのような細かい注をすべて印刷する必要はない。非常に細かい作業手順の注は表の印刷領域外に書き、その概要を印刷する範囲に書いておけばいい。

6 英語の論文執筆マニュアル

英語の場合はいくつかの優れた論文執筆マニュアルがある。まずそのいくつかを簡単に紹介しよう。

・*The Chicago Manual of Style*. 16th Edition. Chicago: The University of Chicago Press, 2010.

英語論文の作法については、これが決定版。

副題：The Essential Guide for Writers, Editors, and Publishers.

本や論文を書く側からだけでなく、編集者（editor）や出版社（publisher）も使うことを意図して書かれている。したがって、学生が使うにはちょっと凝りすぎているかもしれない。しかし、作法に対するこのこだわりは一見の価値あり。

Part I Bookmaking

本の構成に関する基本的な説明から、原稿の準備とその校正、さらに著者と編集者（editor）、編集者と typesetter との関係まで。

Part II Style

ここには、句読点の打ち方から始まって、人名・書名や省略語、数字、外国語の取り扱い、引用の仕方、図表・数式の取り扱い、本・論文全体のフォーマット、脚注・参考文献・索引の書き方などなど、およそ作法に属することはほとんどすべて、こと細かに書き込まれている。

Part III Production and Printing

タイプの仕方から本のデザイン、製本の仕方まで！

・Turabian, Kate L. *A Manual for Writers of Term Papers, Theses, and Dissertations*. 6th Edition. Chicago: The University of Chicago Press, 1996.

Manual of Style にもとづく学期末のレポート、修士・博士論文などの作法集。学生のための短縮版。これでだいたいこと足りる。大学院生は1冊手元に持っているべきだ。頭から通読するのでなく、辞書みたいに使うといい。

・Turabian, Kate L. *Student's Guide for Writing College Papers*. 4th Edition. Chicago: The University of Chicago Press, 2010.

・Gibaldi, Joseph. *MLA Handbook for Writers of Research Papers*. 7th Edition. New York: The Modern Language Association of America, 2009.

・Lester, Jim D. and James D. Lester. *Writing Research Papers*. 13th Edition. New York: Longman, 2009.

　学部生向け Writing コースの教科書。トピックの選び方、図書館の使い方、アウトラインの組み立て方から、実際の論文の書き方まで、丁寧に解説している。

・Blake, Gary and Bly, Robert W. *The Elements of Technical Writing*. New York: Longman, 2000.

　理工系を対象とするものであるが、経済学にも大いに有用である。とくに、technical writing とその他の writing との違いの解説や、陳腐な表現のリスト、プロポーザルから論文、手紙にいたるさまざまな writing の形式ごとの要点がまとめてある部分など、有用。

　日本語でも「論文の書き方」、「文章の書き方」といった本がたくさん出ている。われわれもいくつかは見たが、すべてに目を通すことはできなかった。おそらく英語の場合と違って決定版のようなものはないと思う。文化の違いを感じる。だから「経済学」に限定しているが、われわれが本書を書こうと思い立ったわけである。

7　Plagiarism

　Plagiarism という言葉がある。これは「剽窃物」などと訳されるが、かいつまんでいえば、他の人の言葉・文章や考えをあたかも自分のものであるかのように表現してしまうことを指す。他人の書いたものを自分の意見のように書いてしまうことは、たんに倫理的に批判の対象になるのみならず、知的財産権の侵害にもなる。

本文の一部を直接引用する際には、出所を明示したうえで、カギカッコまたは quotation mark で引用箇所をはっきりさせねばならない。図表を引用するときにも同様である。また、直接引用ではなくその内容を要約する場合にも、どこからどこまでが他人の意見であるかを明示しなければならない。日本の場合、このあたりの観念は研究者であってもかなりルースな場合も多いのでとくに注意する必要がある。アメリカでは、出所を明らかにした場合でも100語を越える直接引用は一種の plagiarism とみなされるという説もある。これは、卒業論文のようなややフォーマルなもののみならず、レポート・小論文、さらにはゼミで発表するためのレジュメのような内部資料的なもの、さらには口頭の発表においてもきちんとなされなくてはならない。
　インターネットが普及し、著作権の保護がむずかしい場面も増えてきた。ウェブサイトで見つけた他人の文章を切り貼りして宿題を済ますことも容易になってきている[4]。だからこそ、われわれは、学問における確固たる倫理観を確立していかなくてはならない。

8 文章はやさしく、執筆は余裕を持って[5]

　「文章はやさしく、執筆は余裕を持って」、これが論文を書くときの理想だ。世の中には、「わからないのは読者が悪い」などとうそぶく大先生も多い（山本 1996, 156-157頁）。あまり優秀でない大学教授にそんなことをいう人が多いようだ（小浜の極論）。ドイツの哲学書の日本語訳を読むとチンプンカンプンだが、英訳を読むとわかるというのも同じ現象かもしれない。日本語訳の場合、やけにわかりにくい日本語を使ったり（山本夏彦のいう「岩波用語」など）、一般学生にはとてもわからないジャーゴン（専門用語。本当は業界用語？）を使った翻訳が多い（多かった）。論文であれ翻訳であれ、「内容は高度に、文章はやさしくわかりやすく、しかもリズムをもって」を心がけるべきだ。
　受動態をなるべく避け、陳腐な表現を避け、曖昧な表現を最低限にとどめ

る。さらに、自分の意見の部分とそうでない部分を明確に分けることも必要だ。

第一次稿ができたら、誰かに話をきいてもらったり、読んでもらうこともたいへん役に立つ。それが無理なら、自分で、声に出して読んでみるのもいいだろう。

第2章でも書いたが、しばらく寝かせてから読み直すのは是非実行してほしい。寝かす時間があってもなくても、何度も繰り返し読み直すことは必ずやるべきだ。

1）英語版のタイトルもそのままで、*The Japanese Economic System and Its Historical Origins* である（Okazaki and Okuno-Fujiwara 1999）。
2）これについては Journal of Economic Literature（JEL）Classification System の website を参照（http://www.aeaweb.org/journal/jel_class_system.php）。
3）2001年度版より『我が国の政府開発援助』（通称「ODA白書」）と『年次報告』が統合され、新たに『政府開発援助（ODA）白書』として刊行されている（http://www.mofa.go.jp/mofaj/gaiko/oda/shiryo/hakusyo.html）。
4）最近は、文章の何パーセントがウェブ上の文章と一致しているかを調べるソフトもできている。安易な切り貼りは、命取りになる危険性をはらんでいる。
5）「執筆は余裕を持って」などと偉そうに書いているが、われわれもいつも締め切りに遅れ、各社の編集者に怒られている。この節のタイトルは、「自戒の念」も込められているのだ。速水さんのように、生まれて以来、締め切りに遅れたことがないという大先生もいるが、なかなか付き合いにくい。

第6章
発表の仕方

1 発表の心構え

発表の重要性

　古代ローマ帝国の元老院におけるやり取りの話（塩野 1995）などを読むと、プレゼンテーションに対するウェイトの置き方が文化により大きく異なることを痛感させられる。演説や発表に対する欧米人の考え方のベースには、明らかにこのような弁舌の伝統がある。欧米人にとって、論文発表というのはけっして付け足しではなく、研究活動の重要な一部である。

　このあたりは、日本の一般的通念と大きく異なる。口頭での発表にどの程度の重きを置くかは論文の性質や学問分野により異なるし、もちろん何でも欧米と同じにしなければならないということではない。しかし日本では、プレゼンテーションがあまりに軽視されすぎており、欧米文化とのギャップが大きいと思うので、ここであえてその必要性を強調しておきたい。

　研究活動とは「真理を追求するものだ」という考え方もあるだろうが、「他人のための情報を生産するものだ」という見方も成り立ちうる。どんなに内容がすぐれていると自分が考えても、それが他の人に認識されなければ何にもならない（小浜の極論：他人がわかってくれないなら何もないのと同じ）。したがって、本来、論文を書き上げたところで仕事が終わるのではなく、それを人前で発表することによってようやく仕事の 1 サイクルが完結すると考えるべきである。発表は、研究活動のなかで重要な一部をなすものであり、おろそかにされるべきではない。さらに下世話なことをいえば、研究者の学会発表であれば、自分の論文のレフェリーが聴衆のなかにいるかもしれないではないか！

　発表する際には、しっかりとそのための準備の時間をとって臨むべきである。欧米人は発表がうまいなあ、と感じることはしばしばあるが、それは彼らが生まれつき弁論に長けているためではなく、英語がうまいからでもなく、それなりの訓練と準備をしているからである。アメリカの友人などを見てい

ると、発表の前にはかなりきちんと準備をしている。数日にわたる学会などで翌日に発表があるときには、「あす発表があるから、今日の夕食会には行かない」などとよくいっている。アメリカ人でも、それなりの緊張感を持って準備をするのである。

確かに、先天的に話すのがうまいという人がいることは事実である。塩野（1995）のなかにも、天性の弁舌家が次々と登場する。われわれは、逆立ちしてもこのレベルには到達できそうにない。しかし、当面われわれに必要なのは、もっと誰にでもできる程度のことである。きちんと準備を怠らなければ、誰でも必ず合格点をもらえる程度の発表はできるはずである。

人前であがるのを防ぐには

人前であがってしまうという人がいる。われわれは職業柄、比較的場慣れしていて、最近はあまりないけれども、それでもときおり理由もなくあがってしまうこともある。どうも、自分の先生の前ではその傾向がある。英語の発表のときはとくにその確率が高いという人もいるだろう。内容的に心配なところがあるだけでなく、むずかしい質問が出て立ち往生するのではないか、自分の話している言葉の「てにをは」が合っているだろうか、発表という場面にふさわしい言葉遣いをしているだろうか、突然何を話しているか忘れてしまうのではないか、はたまた、髪の毛が乱れていないだろうか、ネクタイが曲がっていないだろうか、視線がキョロキョロしていないだろうか、あがっていることを気取られないだろうか、といった具合に、要するに心配事が同時にたくさんありすぎると、精神的にパニック状態に陥るわけである。

実は、ちょっとハイな気分になって発表をするのは、傍目から見てそれほど悪いものではない。発表という行為が多くの人にとっては日常的行為でないとすれば、平常心でやれというアドバイスはかえって不自然であり、ある程度の興奮状態になっていることはむしろ必要である。かえって熱心な感じが出て、好ましく思われることもある。しかし、発表者があまりにも神経質になっていると、聴衆も神経質になってしまう。

「聴衆をブタだと思え」などというアドバイスもあるが、あまり有効とは思えない。だいたい、ブタが数百匹もいる前で話をしたことなどない。聴衆の反応を見ながら話すことは重要であり、ブタなどといっては失礼である。結局、なるべく場数を踏むことと「十分な準備」をすることが、あがるのを防ぐいちばんの方法である。

最近は日本の小学校などでも人前でしゃべる訓練が増えてきたようだが、少なくとも過去においては、口頭のプレゼンテーションは日本の学校教育のなかであまり大きなウェイトが置かれてこなかった（作文の書き方だってない。見たまま思ったままを書けなんてナンセンスだ）。このあたりは、たとえばアメリカの教育の場合とずいぶん違うようだ。アメリカでは、幼稚園や小学校のときから show-and-tell というプログラムがある。これは、家から自分のおもちゃなどを持っていき、クラスのみんなの前で、どうして自分はそれが好きなのかなどについて、滔々と話すというものである。やはり、なにごとも練習である。ただし、アメリカにも人前であがってしまうタイプの人が１～２割は確かにいて、あの文化のなかではかえってかわいそうな感じがしたりもする。

大きな発表をするときには、会場の下見をすることも、気持ちを落ちつけるのに有効である。当日、時間の余裕を持って会場に到着することも、当たり前のことだが重要である。

さて、以下に述べることは、発表に際する細かいテクニックである。ただでさえ神経質になっている人に、あれもこれもみんな気を付けて、しかも緊張しないで、などというのはかえって逆効果であろう。したがって、もうすでに十分気を付けるべきことがあると思う人は、ここから先は適当に拾い読みしてもらえればよい。過度の緊張を緩めるには、あれもこれも一度に考えようとしないで、一つのことに集中するのがいちばんよいのだから。

2 発表のテクニック

発表時間と話の順序

　指定された発表時間を守ること。発表時間の超過は、他の発表者の迷惑となるだけでなく、自分の考えを整理して表現する能力が不足している証拠ともなる。若干の時間超過は最初から織り込まれている場合もあるが、原則的には厳守すべきものである。

　指定された時間の長さにより、話の組み立て方も当然違ってくる。たとえば発表時間が5分の場合には、いきなり研究の目的と結論から始める。まずいちばん知ってもらいたいこと、すなわち問題意識と最終的な結論を話してしまい、研究の方法論やくわしい結果は後に回す。研究の背景や文献サーベイなどは、とくに必要でなければカットする。最後の30秒か1分は、もう一度最終的な結論を繰り返し、研究がいかに有意義なものであるかを力説する。

　発表時間が20分になると、だいぶスタイルが変わってくる。実証研究の場合のくわしいデータの読みとりや理論の場合の細かい式の展開まで話すことはむずかしいが、研究の大筋を追っていくだけの時間はある。細かい枝葉の部分は思い切って削って盛り込む内容を少な目にし、研究の大きな流れを理解してもらうことに主眼を置く。この場合にも、まず問題意識と最終的な結論を最初に出した後、話の目次立てを説明したうえで、研究の背景、方法論、結果、考察と順番に話し、最後にもう一度結論に戻って、研究課題にどこまでせまることができたかを考察して、全体を締めくくる。

　発表時間が45分や90分ならば、これはフルサイズの研究発表セミナーである。今度は、聴衆が話についてきているか、聴衆を迷子にしていないかをチェックすることが重要になってくるし、質問をどう処理するか、いかに昼寝をさせないかにも、気を配らなくてはならなくなる。

　大学で講義を担当している人などはいつも感じているのではないかと思うが、レクチャー・ノートが途中で全部終わってしまうのではないかという恐

怖感は常に存在する。だから小浜は講義は嫌いだ。小浜は20年以上大学の教師をやっているが、いまだに講義の前には、10分で話すことがなくなったらどうしようという不安に駆られる（信じられない：木村）。

　発表でも時間が長い場合には、途中で話すことがなくなってしまうことを心配してしまうだろう。この恐怖感を克服するには、実際に話そうと考えているものよりも5割長いノートを作っておくしかない[1]。しかし、実際に講義や発表をしてみて、やることがなくなってしまったという経験はほとんど記憶にない。むしろほとんどの場合、時間は余るのではなく、足りなくなるのである。時間の調整ができるように話をブロックに分け、その場の様子を見て加えたり削ったりできるようにしておくと、落ちついて発表ができるだろう。また、残り1分になってから大慌てとならぬよう、時間のチェック・ポイントを1～2カ所決めておいてもいいだろう。そこまでで予定以上の時間を使ってしまったらどこをカットするというところまで考えておくと、その場になって慌てないですむ。でも、これはかなり高度なテクニックである。

聴衆

　聴衆は「ブタ」ではない。発表とは基本的に、聴衆を楽しませることを本義としていることを忘れてはならない。これはもちろん、冗談を連発したり歌ったり踊ったりすることが必要だといっているのではない。自分が聴衆の一人であったときのことを思い出してほしい。取り組んでいる問題がいかにおもしろく有意義なものであるか、なされた研究がその問題にいかに肉薄したかを知ることは、聴衆にとってまさに「楽しい」ことなのである。だらだらと時間をつぶしたり、細部の正当化に汲々とするのではなく、自分がもっとも重要だと考えるメッセージをはっきりと聴衆に伝えること、これがまさに、聴衆を楽しませるということである。

　聴衆の性格により、話の仕方を変えることも必要である。大学のゼミなどで発表するときには、構成員の共通の了解事項ははっきりしているのだから、一般的な導入などは省略していきなり本題に入ればよい。他大学のゼミとの

対抗討論会（いわゆるインゼミ）などでは、それまでに勉強してきた内容が食い違っていることも考えられるので、研究動機の説明や関連研究紹介にやや多めの時間をさく必要があるかもしれない。学会発表やセミナーの場合などでも、専門が同じものばかりのときとそうでないときとでは、話の仕方が変わってくるだろう。ましてや、専門外の人を相手にする講演であれば、かなり大胆に話をわかりやすく丁寧にする必要が出てくる。要するに、どうやったら自分の主張したい点がうまく伝わるか、聴衆の性格に合わせて考えることだ。

発表しながら聴衆の様子を観察することも、最初はむずかしいかもしれないが重要である。聴衆が自分の取り組んでいる問題に興味を持ってくれたかどうか、自分の話のペースについてきているかどうか、眠気を催していないかどうかなどは、慣れてくると結構わかるものである。

とくに長い発表の場合には、一本調子でしゃべりまくったのでは、聴衆の集中力がなくなってくる。話のうまい人の発表を聴いていると、いろいろなテクニックを使って、話にメリハリをつけていることがわかる。たとえば、話の切れ目で空白の時間を作ったり、声の調子を変えたり、間に息抜きができるような話題を挟んだり、どうしても聴いてもらいたい箇所ではとくに注意を喚起したり、といった工夫である。キング牧師の「I have a dream」を聴いてみてほしい[2]。

また、聴衆の眠気をさますには、レジュメのページをめくってもらうとか、パワーポイントのスライドをポインターで指したりして、聴衆にすこし体を動かしてもらうことも有効である。聴衆の数がそれほど大きくないならば、折を見て、聴衆のほうから質問をしてもらうのもよい[3]。

発表用の原稿

発表用の原稿を持って発表に臨むべきかどうか。これは船曳他（1994, 242頁）にあるようによく発せられる疑問である。慣れてきたら話の順序を示すメモ程度でもこと足りるが、場数を踏むまでは、文章に起こした原稿を

作成して壇上に持って行くべきだろう。壇上という非日常的な場所で話すわけであるから、いつもよりも文章構成力が低下するのは当然である。とくに母国語でない言葉による発表のときには、文法体系が崩壊してしまうことさえある。「てにをは」が合わなくなるのではないかと不安に思うくらいなら、お守りの代わりに原稿を持って行ったらよい。とくに、話の導入の部分では緊張することが多いので、文章に起こしておくべきだろう。また、発表に要する時間を予想するためにも、原稿に起こしてみる意味がある。

　原稿の書き方も工夫できる。文章をだらだらとつないでおいたのでは、壇上で原稿を見る必要が生じた場合、どこの話をしていたのかすぐに見つからないという問題が生ずる。話のブロックごとに記号や番号をつけておくとか、ページ替えをするなど、ちょっと工夫すれば、落ちついて発表できるようになる。

　発表のときに原稿を読んではいけない、というのは、諏訪（1995）が強調しているところである。確かに原稿を読むと、読み手はその場では意味を考えずに読むので、抑揚がなくなってしまい、たいへん聴きづらいものとなってしまう。また、諏訪のいうとおり、早口で読むスピードには、聴衆はまずついてこられない。文章に起こした原稿は作るが、発表の際には原稿を読む必要のないくらいしっかり練習し、本番は原稿を読まないようにするべき、とする諏訪の主張は正論である。東大の大学院では、原稿を見ないと発表できないというのは自分で自分の論文が十分に理解できていない証拠であるとして、十分消化したうえで原稿なしで発表するという訓練をするという話を聞いたことがある（プリンストン大学・清滝信宏氏の談）。

　本番で原稿を見ないというのは正論であるが、一方われわれはそこまで厳格にやらなくてもよいとも思う。原稿に目をやりっぱなしで読み上げるというのは論外だが、原稿にちらちら目をやりつつ、話すスピードと聴衆とのeye contact（後述）に気を配りつつ発表すれば、それで合格点はもらえるだろう。

　文章を読んでもらうのと口頭の発表を聴いてもらうのとで決定的に異なる

点は、前者では受け手が自分の好きなスピードで読み、場合によっては前に戻って文脈を確認したりすることができるのに対し、後者では発表者がペースメーカーとなっていて、受け手は文字どおり受動的とならざるをえないことである。したがって、聴衆が自分の話についてきているかどうか、こまめに確認することが必要となってくるのである。聴衆は、いまどの文脈で何の話をしているのか、わからなくなってしまいがちである。聴衆を迷子にしないように、話のなかで現在位置をこまめに確認することが大事である。

　長めの話の際には、始めのほうでまず、発表全体の目次立てを説明しておく。さらに、各セクションの始めに何の話をするかを確認し、話が一段落したらそこでの主張点をもう一度まとめて、次のセクションに移ることをはっきりと示す。また、重要なことについては、繰り返しを恐れる必要はない。話のあちこちに、何度重要な点が登場してもよい。

表現上の注意点

　Yes なのか No なのか、はっきりしない曖昧な表現を極力避けるべきことは、論文を書く場合と同様である。文章を書くとき以上に、断定的ないい方を増やしてもよい。

　客観的な事実や研究結果、自分の解釈や意見、他人の主張などを明確に分けることも、書く場合以上にはっきりとコントラストをつけて行なうべきである。

　聞き取りにくいむずかしい熟語を使わないことも重要である。学術的な研究発表の場合にはどうしても technical jargon が増えてしまうが、発表の品位を落とさぬ程度になるべく平易な表現を用いることが肝要である。

eye contact

　発表中、聴衆と視線を合わせなかったとしたら、発表は台なしになってしまう。eye contact は、人前で話をする際に絶対に欠くことのできない要素である。eye contact がないと、聴衆は自分に向かって話しかけられている

という気がしない。また、そもそも視線をそらして話していると、話す内容に自信がないのか、さもなくば、嘘をついているという印象を植え付けてしまう。本当に誰かをにらみつける必要はないのだが、会場をまんべんなく見回して、彼らに対して話をしているということを常に示しておく必要がある。

ところがこれは、場数を踏んでいない日本人にはかなりむずかしい。普段の１対１の意志疎通の場合にも、視線を合わさずに話すことが多いためである。聴衆の視線がみな自分に向いているということは実はたいへん望ましい状態なのだが、突然恐ろしくなってしまったりする。これは何とか克服していくしかないわけであるが、もし友人が何人か聴衆のなかにいるときには、若干事態が改善できるかもしれない。友人を見ながら、話をすればよいのである。その友人が、自分の話を聴きながら、いかにもごもっともといった風に頷いてくれたりすると、なお結構である。知らない人の前で話すときも、friendly な感じの人を会場の右と左に見つけて、その人に向かって話せばよい。

聴衆に対して話をするのであるから、後ろのほうに座っている人にもよく聞こえるように、大きな声でしゃべるべきであることは当然である。また、スライドが映っているスクリーンに向かってではなく、聴衆に向かってしゃべることももちろん必要である。ときどき、パワーポイントのスライドが映っているスクリーンをポインターで指したりしながら発表することもあっていいだろう。

要は、聴衆に向かって話をするのだという大原則をしっかりとわきまえることである。そうすれば、後は場数を踏むにつれいろいろな問題点も解決していくだろう。

ハンドアウトの利用

発表のフォーマットにもよるが、ハンドアウト（日本ではレジュメと呼ぶことも多い）を聴衆に配布することも有効である。ハンドアウトは、次に述べるパワーポイントのスライドのコピーで十分だろう。たとえば、A4のペー

ジにスライド何枚を入れるかは、スライドの作り方による。小浜などは、1枚のスライドに3行か4行しか書かないことが多いので、A4 1枚に6スライド入れることが多い。

　パワーポイントは実に便利なソフトであり、さまざまな用途をこなすことができる。しかし、凝りすぎたアニメーションには飽きてきた。また、字が多すぎるのも疲れる。文章はすっきりと、文字は大きなポイントを用い、図表や絵でビジュアルに訴えるのが、よい作戦だと思う。

　とくに15分を超える長さの発表の場合には、聴いているほうも疲れてくるので、何か書いたものの補助が要る。自分の話の目次立てを書き込んでおくこともできるので、聴衆が迷子になりにくいという利点もある。かりに自分の口頭の発表が不完全でも、ハンドアウトによりメッセージを正確に伝えることができる。これはとくに、英語のプレゼンテーションの場合に威力を発揮する。

　聴衆はいろいろ考えながら聴いているので、いまスクリーンに映っている図の前の図を見たいと思うこともあるだろう。ハンドアウトを配っておけば、何の問題もない。さらに、自分の研究成果を宣伝するのが発表ということだと考えるならば、研究成果の要旨が聴衆の手元に残るのはおおいに結構なことである。その意味でも、ハンドアウトを配っておくことは役に立つ。

　そういうわけで、われわれは、発表のフォーマットが許す限りは、ハンドアウトを用意することにしている。字は大きめに印刷し、インデントや行空けを有効に使う。だらだらと文章に起こすよりは、箇条書きにしたほうがよい。あまり完璧なものを出すと、聴衆は話を聴かずに読み始める（それも悪くはないが）ので、一応自己完結的ではあるが口頭の補足が有効なものが作れればなおよい。また、スライドでは細かくてよく読めないような図表も、ハンドアウトのなかに必ず入れておく。このようなハンドアウトを用意したときには、自分用のコピーに発表のためのメモや文章を手書きで書き込んでおけば、発表のとき便利である。

　場合によっては論文そのものが配布されていることもあるが、ハンドアウ

トと論文は一応別に考えたほうがよいと思う。論文に追加してハンドアウトを配布しても構わない。人の話を聴きながら文章を読むというのは非常にむずかしい。発表中に見てもらうものは、論文そのものよりも、もっと視覚に訴えるハンドアウトにしたほうが一般的にはよい。

質問をどう受けるか

　発表する前に何が怖いかというと、やはりむずかしい質問を浴びせられて立ち往生することだという人もいるだろう。思いつく限りの想定問答集を準備しておくことは、自分のやったことをしっかり理解するためにも必要な作業である。友達に質問されそうなことを考えてもらうのもいいだろう。

　しっかり準備したと思ったら、後は質問を恐れずにやるしかない。文脈を確認するような質問が出たときには、聴衆が自分の話に興味を抱いて、流れをフォローしようとしている証拠だと考えよう。論文の改善や将来の研究に役立つようなコメントをもらえたら、儲けものである。致命的欠陥を指摘されてノックアウトされるのは楽しい経験ではないが、とりあえず、早めに指摘してもらったことに感謝しよう。もちろん、それ以前の問題として、致命的欠陥があるような論文を書かぬよう努力することが必要なことはいうまでもない。

　学生諸君はあまり経験しないかもしれないが、参加者が真剣で切り合っているようなセミナーも確かにある。日本ではみんな「紳士」なのであまり目にしないけれども、前にも書いたように発表者が途中で完全にノックアウトされてしまって、発表を続けられなくなってしまうことさえある。それも、Ph. D. 取り立ての人だけでなく、かなり名前の売れている人も結構やられている。敵意に満ち満ちたセミナーというのもどうかと思うが、お互い真剣になるような緊張感のあるセミナーをやるというのであれば、研究者ならば願ってもない環境と考えなければなるまい。プロになろうとする人は、そういう研究会に積極的に参加すべきだ。

　質問されて、答えがわからないときにはどうするか。わからないことは、

究極的にはわからないと答えるしかない。しかし、質問が的外れであることも多いので、それほど時間を取らずに処理できそうならば、質問者に質問の意味を聞き返してもいいだろう。

　質問は発表の中途でも受けるべきか、それとも最後まで発表が終わってから受けるべきか。これは、発表のフォーマット、持ち時間、聴衆のサイズなどにもよるが、話の流れを確認するようないわゆる clarifying questions は話が一段落するたびに処理したほうがよい場合が多いように思う。それにより、聴衆がどの程度自分の話についてきているかがわかるし、眠くなってきた聴衆の目を醒ますのにも役立つ。とくに、イントロダクションの終わりに、研究の目的・概要がしっかり理解してもらえたかどうか確認するために質問を受けるのも、有効だと思う。この方法の欠点は、時間管理がむずかしくなることである。質問が百出して、先に進めなくなることもある。したがって、少し長めの発表でないとこれらの方法は使えないし、議論が途中で沸騰してしまったときは後で答えることにして先に進むこと。大きな質問は、基本的には最後に答えることにしたほうがよいだろう。

発表の練習と準備

　場数を十分踏んでいないうちは、予行演習をするのが常識である。これは、できれば実際に声を出してやってみること。そうしないと、どのくらいの時間がかかるか、わからない。できれば、友達に見てもらって、忌憚のない批評をしてもらうこと。

　パワーポイントには、時間をカウントする機能がついている。「リハーサル」で何度か練習して、どのくらいの時間で話ができるかを確認しよう。

　滅多にないことだが、パソコンのファイルは壊れると何もなくなってしまう。必ずパワーポイントのプリントアウトを持って行くべきだ。そうすれば不運にも持って行ったファイルが壊れて読めなくても、それを見ながら話すことができる。

　先進国は当然として、いまではどんな途上国で講演しても、パソコンとプ

ロジェクターは準備されている。事前に学会や講演会の主催者にパワーポイントのファイルを送って、会場で使うパソコンに入れてもらい、テストしてもらうと安心だ。そうはいかないときでも、少し早めに会場に行き、USBメモリーに入れた自分のファイルがきちんと動くかチェックするといいだろう。

　理由はよくわからないが、マックで作ったpptファイルでは、図を貼り付けたとき、ウィンドウズのパソコンで図だけ映らないことがある。

英語で発表する場合

　学問のなかでもとくに経済学は英語が優勢な分野であり、英語で発表する場面が今後ますます増えてくるだろう。発表の基本は、英語で発表する場合でも、日本語の場合と変わらない。しかし、母国語でない言葉で発表するときは、それなりのプレッシャーがかかってくる。その不安感を軽減するためには、より周到な準備をするしかない。

　まず、発表用原稿、ハンドアウト、パワーポイントなどをしっかり準備すること。原稿も、慣れないうちは文章に起こしておいたほうがいいだろう。ハンドアウト、それにかなり重複するがパワーポイント・スライドとそのハードコピーは、緊張の余り英語が崩壊してしまったときの最後の砦となる。綴りや文法のまちがいがないよう、徹底的にチェックする。

　これまた場数を踏む前は、必ず予行演習をやること。テープに録音して聞き直したり、鏡の前でやってみるくらいは、言葉に不安があるときには必ずやるべきである。自分の発音で聞き取りにくいものをテープで確認したり、友人に指摘してもらうのも役に立つ。よく陥るまちがいは、速く流暢にしゃべらなくてはならないと思いこんでしまうことである。発音やイントネーションが正しければ速くしゃべってもよいのだが、そうでないときは、よほど心してゆっくり話さなければ、ネイティブの聞き手でも理解できない。ゆっくり、大きな声で発表しよう。

　日本人の場合、とても優秀な人でも英語の発表になると、準備したフル・

ペーパーの一部を早口で読む人がいる。先にも述べたように、こういうことはやってはいけない。読むのではなく、ゆっくり話しかけるように発表できるよう、練習しなくてはいけない。

3 発表が終わったら

自己評価・反省

諏訪（1995）には、発表が終わったらビールを飲む前に反省せよ、と書いてある。しかし、それはちょっときびしすぎるという人もいるだろう。われわれは、反省して変な自己嫌悪に陥るよりは、いいたいことの6割いえれば合格と考えて、自分をしっかりほめてやったほうがよいとも思う。そうすれば、また次回への意欲が出てくる。

建設的な議論への貢献

聴衆の側に回ったときにもやるべきことがある。建設的な議論を盛り上げるための貢献である。発表のフォーマットにもよるが、積極的に質問やコメントをしよう。もう少し勉強してから発言しよう、ではいけない。何か発言しようと思って聴くのとそうでないのとでは、理解の程度が大きく違ってくる。発言するから、自分のレベルも上がっていく。

次回からはしっかり発言しよう、というのも失格である。学術会議に呼ばれた場合など、一度も発言しないような人は議論に貢献していないわけであるから、次からは呼んでもらえない。国際会議での日本人を評して「3S (smile, silence, and sleep)」などといわれぬよう、みんな頑張ろう！

1）準備したものを全部話そうとしてはいけない。以前、20分の報告の討論者になったことがあるが、報告者は100枚以上のスライドを準備し、それをすべて説明しようとした。それはとんでもない心得違いで、パワーポイントの

スライドの作り方にもよるが、スライド1枚、2分はかかるだろう。
2）「I have a dream」で検索すると、すぐ見つかる。グーグルなら、「I have」と入れるだけで「I have a dream の動画検索」が出てくる。
3）私語が多くて講義がしにくいという大学教授もいる。小浜は、そんなことを経験したことがない。年1回、1年生に講義するが、それでも彼らが話していることは、講義の内容のことだったり、黒板に書いた「汚い字」をなんて読むの、といった「私語」だ。

第7章

エンジョイ！経済学
小浜の極論、木村の異論

本書はなぜか「変な」はしがきに始まった。この最終章も「変な」あとがきのようなものだ。前章までいろいろなことを書いたが、それらをまとめて、思いつくことをここで二人で書いた。同じようなことの繰り返しもあるし、同じことを別の例でいっていることもある。気にせず同じような話はとばして読んでほしい。

　われわれ経済学者のはしくれからいわせると、経済学の研究ってかなり面白い。他の分野は知らないけれど、きっと同じだと思う。前にも書いたが、敷居が高いけれど、いや、敷居が高いからこそ、面白い。変ないい方をすれば、わからないことがいっぱいあるから面白い。

　たとえば研究会で、改革後、ハンガリーの農業生産が急減し、家畜頭数が半分とか3分の1になったという話を聞くとする。その理由が突き詰めてもよくわからない。たしかに、工業生産に比べて農業生産の低下が大きい。それが市場経済化過程における農業政策の失敗なのか、それとも凶作なのか、わからないことが多い。しかし、ハンガリーの輸出にとって農産品のウェイトはかなり大きい。農産品輸出はやはり大きく落ち込んでいる。それはコメコンの崩壊によるのか、あるいはそれに加えて別の要因があるのか。統計データを見たり論文を読むと、このような疑問が次々に頭に浮かぶ。それらのすべての問題を解くことはできないが、自分の関心優先順位にしたがって、一つ一つ問題を解いていく、これが研究だ。

1　プロとは

たいへんだけど楽しいものだ

　立花隆『ぼくはこんな本を読んできた』と野口悠紀雄『「超」勉強法』の共通点から話を始めよう。

　野口（1995）の「超」勉強法の第一原則は「勉強は楽しい」である。立花（1995）の第Ⅰ章のタイトルは「知的好奇心のすすめ」だ。われわれの好奇心持続仮説と似ている。そこで立花は「月40〜50枚の締切が3回ある」（12

頁）といっている。われわれは、月刊誌の連載一つでもたいへんである。さらに、

> 　客観的に見ると、ものすごく大変な生活で、自分自身こりゃ大変だと思うこともあるんですが、本心を言うと、実はそれほど大変じゃない。日々ストレスを感じると言うことは、ほとんどないんです。と言いますのは、僕は、勉強というものが本当に好きなんです。……勉強しているときが一番楽しいんです。遊びたいという欲求より、知りたい、勉強したいという欲求の方が、はるかに強いわけです（17-18頁）。

といっている。この本にはいろいろびっくりさせられたが、宣伝（？）チラシにも驚いた。本に挟んである宣伝のチラシに、「立花隆の本（出版案内）」というのが入っていたが、それはまさに立花隆の著書の案内で、この本の出版社である文藝春秋はもちろん、新潮社もあれば、朝日文庫、講談社文庫、中公文庫も入っている。こういうおもしろいチラシは表紙の裏にでも貼っておこう。この本だけでなく、他の立花隆の本にも同じチラシが入っている。このチラシには"シェ・タチバナ"レーベルのレコード・CDの宣伝まである。

　次はふたたび、西澤潤一先生の登場である。田原（1996）からいくつか発言を拾ってみよう。「あまり覚えると思考能力が発達しないんです」（92頁）。これは現代教育批判。「権威の声を聞くのではなく自然の声を聞け」（93頁）。これは日本の学界批判。次は説明不要だろう。

> 　田原：でも本当は、西澤さんは研究では疲れないんじゃないですか。頭を酷使するとおっしゃったけど、酷使は結構気に入ってらっしゃる。
> 　西澤：そのとおりです。楽しいんです（95頁）。

　突然だが、宮本武蔵と坂本龍馬を比較したい。といってもわれわれの知識は、「吉川」武蔵と「司馬」龍馬である（吉川とは作家・吉川英治のこと。代

表作『宮本武蔵』。司馬とはいうまでもなく、司馬遼太郎である：編集部）。誰も泊めてくれるものがなく、宮本武蔵が正月野宿をしている。中野の十貫坂のあたりだったか。そこで武蔵が「自分は一所懸命剣の修行をし、何も悪いことをしていない。それなのに、正月に野宿をして一人餅を焼いている」と世の中に恨み言をいうシーンだ。それに対し、坂本龍馬にはそういうところが全然ない。倒幕後の新政府の財政は福井の三岡八郎（後の由利公正：編集部）に頼むしかないと考え、龍馬は雪道を京都から福井に歩いていく。そのときの龍馬には、寒さもないし、恨み言もない。坂本龍馬はこのように積極的で合理的であり、そして自分の利益のことがてんから頭にない。

そんなことを考えながら本屋に入って、尾崎護『経綸のとき――小説三岡八郎』を見つけた。「尾崎護なんて小説家知らないな」と思って出版社を見ると、東洋経済新報社である（尾崎 1995）。ふとそのとなりを見ると、『志――かつて日本にあったもの』という本があるではないか（小島 1995）。それも買ってしまった。これだから本業の経済学の論文や本が遅れるのだ、と少し反省した（と小浜が書いたところ、「ウソばっかし、ちっとも反省なんかしてないくせに」と木村がいう）。

尾崎（1995）からちょっと引用してみよう。

　　龍馬が西郷隆盛にメモを示し、登用する人材の名をあげた時である。
　　「三岡八郎とはどんな人物でごわすか」
　　不思議そうに西郷が聞いた。
　　「新政府の台所を切り盛りさせるのにこの男に勝る人物はいない。……一朝事が起きた場合に、手元不如意では兵も動かせぬからな」
　　「それは大事なお人だ」
　　西郷は大きな目で龍馬の目をのぞき込んだ（383頁）。

研究における議論というのは、ある意味では、

第7章　エンジョイ！経済学　161

> こっちが「ヤッタ！」と思ったときに、「わかったよ」っていう反応が返ってきたら、それは勇気百倍ですよ。

という気分に似ているように思う。これは、「対談：山下洋輔・妹尾河童」の一節だ（妹尾 1987, 190頁）。

　また突然だが、小浜は米倉誠一郎のファンである。経済学者が経営史学者のファンだとはおかしいかもしれないが、おかげで『西山彌太郎伝』（鉄鋼新聞社 1971）や『西山彌太郎追悼集』まで買ってしまった（こういう本は古本屋で買う。まめに古本屋に行って、いくつか買うと目録を送ってきてくれるようになる）。

> 西山は「お国のためになり、技術もよくてまじめにやって安くていいものをつくれば、金は必ずついてくる」と、反対を押し切ったのであった。

という川崎製鉄千葉製鉄所（西山彌太郎は川崎製鉄〔現在は合併してJFEスチール〕の社長であった：編集部）の話を読んだら（米倉 1992, 99頁）、買ってしまう。西山彌太郎に関心のある読者は、小浜・渡辺（1996, 108-109頁）、小浜（2001, 63頁）、Kohama（2007, p. 54）などを参照。そこに引用されている文献では足りないだろうから、野田（1967）、佐桑・佐藤（1967）や米倉誠一郎の一連の論文・著書（米倉 1986, 1991, 1993a, 1993b；Yonekura 1994）を読むといいだろう。

　1996年1月1日から『日本経済新聞』の「私の履歴書」に、2010年7月、90歳で亡くなった梅棹忠夫が登場した[1]。前にも書いたように、『文明の生態史観』（梅棹 1998）は少なくともわれわれからすれば大学生の最重要必読文献トップ・テンの1冊だと思うが、最近の学生は読まないらしい。いやウェーバーの『プロテスタンティズムの倫理と資本主義の精神』（略して『プロ倫』）も読まないようだ。大学によっては近代思想史の講義がないところもあるという。マルクスだって毛沢東だって、依然、近代思想史の巨人なのだ。

このことと「(社会主義)体制は、イデオロギーとして破れたのではなく、開発モデルとして破れたのである」(速水 2000, 249頁)という指摘は別のことである。

梅棹忠夫「私の履歴書9」には1940年に朝鮮半島北部の探検のことが出てくる。梅棹は「白頭山頂から北をながめると、地平線まで大森林がつらなっていた。わたしはそれをみて、全身に勇気がみちてくるのを感じた」と書いている(『日本経済新聞』1996年1月10日、40面)。「全身に勇気がみちてくるのを感じた」なんて、なんてすばらしいことだろう。

第10回は大学入学だ。京大の動物学入学。募集人員5名、志願者1人。こう書いている。「大学に入学してからは、わたしはまことにたのしい日々をおくった。……すきでえらんだ学科ではあったが、自発的な勉強がこんなにたのしいものであるとは、うまれてはじめての経験だった」(『日本経済新聞』1996年1月11日、40面)。「自発的な勉強がこんなにたのしいものであるとは」だって！　よき時代だったのか、われわれの怠慢なのか。

梅棹履歴書の第19回はマナスル登山だ。これは引用しよう(『日本経済新聞』1996年1月20日、36面)。1952年の話だ。ちなみに木村は「出身学部はどこだ」と聞かれると、昔は「はーい、山岳部です」と答えていた。

> ヒマラヤには8000メートル級が13座あった。そのどれもが陥落していなかった。攻撃目標をさだめるために文献をしらべ、なんども会議がひらかれた。その中でマナスルは文献が皆無で手がかりもなかったので、目標からはずそうということになった。ところが今西錦司先生は「だからこれをやるんだ」といわれた。わたしは今西さんのはげしいパイオニアリズムに脱帽のおもいであった。攻撃の目標はマナスルときまった。

このはげしいパイオニアリズムがないと、本物の学者になるのはむずかしい。

経済学研究とは関係ないが、忙しくてもそれだけではストレスではない、という日野原重明・聖路加国際病院名誉院長の話を引用しよう(日野原

1995)。

　　聖書の中に「いつも目を覚ましていなさい」という教訓があります。……

　わたしは3年前に80歳で病院に院長として復帰しました。……定年で病院を辞めて聖路加看護大学の学長に専念していました。それが総事業費1200億円の病院を含めた再開発プロジェクトの運営のため、請われてフルタイムのボランティアとして復帰したわけです。

　復帰以来、毎朝7時半に会議を行っています。管理職は9時までに会議を終えて外来患者に備えるべきというのがわたしのモットーです。だから3月20日、あの地下鉄サリン事件の際も、事件発生時には幹部すべてが集まっていました。8時40分には出動命令を出して、医師100人、看護婦も各病棟から駆けつけた300人が緊急体制を組んで610人の被害者を受け入れました。

　もともと、うちの病院は地震災害を想定して285人を余分に収容できる設計になっていますし、……

　スムーズに対応できたのは、……スタッフの多いことも大きな要素ですが、「いつも目を覚ましている」という基本的な心の備えがあったことがもっとも大きな要因だと考えています。……

　泥棒に上着を奪われたら下着も差し出せ、という聖書の教えがあります。他人以上に努力すべしという教えです。いつも目を覚まし、2倍の努力を自分に課していますが、「体に悪いストレス」は感じたことはありません。

学者とは

　ターム・ペーパー（レポート）のテーマは与えられることが多い。卒論のテーマは自分で探そう。好奇心がない学生はプロにはならないほうがいい。どうしたら好奇心がつくか。自分の関心のないテーマも貪欲に見たり読んだ

りするのも一つの方法だ。マイクロソフト社の創業者ビル・ゲイツは、自分の関心のあるテーマだけを選んでものを読んでいては世界が広がらないと考え、毎週1冊は週刊誌を最初から最後まで読むという（「ビル・ゲーツからの電子メール」『日本経済新聞』1995年2月27日、17面）。

プロの研究者・経済学者になるにはこの好奇心は絶対の必要条件だ。大学の経済学部の先生がすべて経済学者と思っては大まちがいである[2]。本当のプロの経済学者とは、何らかの分野で「新しい扉を開けている人」、百歩譲って「開けようとしている人」のことだ（小浜の極論）。われわれも大学で経済学を教えているが、本当のプロ（たとえば速水佑次郎さんとか青木昌彦さん）に会うとやっぱり半人前かなと思う。

研究者になろうとする人は、『河童が覗いた仕事師12人』（妹尾 1987）を読んでみたらいかがか。その道で新しいことを求めている人たちの生き方がとてもいい。

本物の学者で怖い人はたくさんいる。全員怖いといってもいい。しかし、それと威張っているのは別だ。「威張ってる奴はバカだ」と思ってまずまちがいない[3]（小浜の極論）。そして本物の学者、本物の芸術家、本物の評論家たちにとって、仕事と遊びの境界は曖昧なのだ。妹尾（1995）は、立花隆のことを「遊ぶことと仕事の境界線がない人なのである」といっている（257頁）。

2010年5月に亡くなった古人の筆跡の内容を系統的に分類する学問である古筆学の小松茂美氏は、初め旧国鉄の職員だった。旧制中学しか出ていない。しかし自分の研究を貫き「古筆学」という一つの学問を確立したのである。われわれは小松氏の仕事を評価することはできないが、日本学士院賞はじめ多くの賞をとり、『古筆学大成』30巻を完成させ、『小松茂美著作集』全33巻が出版されていることは知っている。広島で被爆後、古本屋で池田亀鑑（きかん）（国文学者。近代源氏学の基礎を築いたといわれる：編集部）の『土佐日記』に関する本を手に入れる。小松（1994）によれば、

> 当時、一介の国鉄マンでしたが、古い筆の美しさに魅せられ、ついには著者の池田博士を頼って上京したのです。運輸省の自動車局で働き、夜は池田博士宅に通う日々が続きました。

そのうち、国立博物館の職員になりたくなり、何度断られてもあきらめず、何とか国立博物館に採用してもらう。

> 学歴というのは重いものです。中学しか出ていないで学問を志した私は、どこの学閥にも入れず、博物館でも孤立していました。だれも親切に教えてくれることもなく、手探りで勉強するしかありませんでした。……学歴がなくても、地位がなくても、どれだけの仕事をしたのかの実績で自分の力を示してみよう。認めないのなら、認めざるを得ない領域まで究めてみせようとの執念、意地一徹さでここまでやってきたつもりです。

　もちろん大学で勉強することは大切だし、学位を取ることも重要だ。苦学より楽学がいいにきまっている。しかし、学問をするには、大学に行くしか道がないと考えることはない。
　西澤潤一氏はかつてインタビューに答えて、八木アンテナの創業者、八木秀次氏の「学問とは、道のないところに道を作るようなものだ」という言葉を引用している（1991年4月11日、夜9時のNHKニュース）。「道のないところに道を作る」「新しい扉を開ける」ことが学問なのだ。

2　研究のノウハウ

表現はやさしく、内容は高度に

　何度もいうように、論文を書くときは「表現はやさしく、内容は高度に」。論文に国会答弁は無用だ。1995年暮れに起こった福井の「もんじゅ」の事故[4]であるが、最初の発表は「事故」でなく「事象」だった。事故を事象

といい換えても本質は変わらないのに、「事象」という言葉さえ使えば、この世から事故がないことになる、と本気で考えていたのだろうか。きっと動燃だけでなく、日本の組織は官も民も多かれ少なかれこういった体質が瀰漫しているのだろう。恐ろしいことだ。明治の陸軍と昭和の陸軍の対比。明治の陸軍は「合理主義」でロシアと何とか戦った。昭和の陸軍は「精神主義」で勝てると思った。

　若い読者が論文を書くときは、役人の国会答弁やアホな大学教授を真似してはいけない。清水幾太郎も同じようなことをいっている（1995, 162頁）。役人の国会答弁とは「何とでも意味がとれて将来責任を問われたとき言い逃れができる表現」のことである。アホな大学教授の言葉とは「むずかしくもないことを、とてもわかりにくいジャーゴン（業界用語）を使っていかにも自分がむずかしい立派なことをいっているように見せかける表現」のことである。そういった特殊な言葉に関心がある読者は、アーシー（1995a, 1995b, 1996）を読むとおもしろいかもしれない。

文章読本・文章作法

　われわれはあまり勤勉ではないので、「論文の書き方」とか「プレゼンテーションの仕方」といった本を渉猟したわけではない。いろいろな人が『文章読本』とか『論文の書き方』などを書いているので、文庫や新書の目録を見たり、インターネットで検索するといいだろう。谷崎潤一郎、三島由起夫、向井敏、それぞれにいいことが書いてある。『理科系の作文技術』（木下1981）は経済論文にも役立つ。丸谷才一を真似すれば歯切れのいい文章を書けるようになるかもしれない（丸谷1995）。丸谷の『文章読本』は、本文もいいが、ページの横の注もなかなかだ。最後の「記すに値することがあってはじめて筆をとれ。書くべきこと、語るべきことがあるとき、言葉は力強く流れるだろう」（379頁）はかなり強烈である。

　次に、姉妹篇ともいうべき清水幾太郎の『文章の書き方』『私の文章作法』を引用したい。何十年も前の本だが、少しも色あせていない。版を重ね

る、あるいは文庫で再刊される理由も納得できる。どちらも図書館にはあるだろうから一読するといいだろう。内容も一部重複しているので、どちらかというのなら『私の文章作法(さくほう)』のほうが読みやすい。ご本人もそう書いている（1995, 196頁）。まずは清水（1959）から引用しよう。

> すべての論文は証明である（72頁）。
> 新聞の文体だけは真似しない方がいいと思います。……新聞記者諸君は、……どこからも苦情のでない文章を書く訓練を積んでいるからです。……そもそも、自分の考えと、世の中の多くの人間の考えとが一致していれば、わざわざ、文章をなどという面倒なものを書く必要はありません。……文章を書くというのは、苦情を覚悟で我を張ることなのです（30-31頁）。
> 文章は一本勝負である。文章は一つの爆発である（128頁）。

次は、清水（1995）から。

> 　読むという精神活動と書くという精神活動とは、まるで親戚のように見えながら、実は、根本的に違うものなのです（158頁）。
> 　何れにせよ、私の流儀で申しますと、文章を書くのは建築物を作ることなのですから、第一に、そもそも、文章を書き始める前に、完成後の姿というか、イメージというか、それが心に浮かんでいなければなりません。……
> 　第二に、どんな建築物でも材料が必要で、これを事前に、すべて用意しておかなくてはなりません。……いろいろな材料を用いて自分の主張の正しいことを証明するのが文章というものなのです。
> 　第三に、材料を使う場合の順序を決定しておかねばなりません。……
> 　以上のような諸点を書きとめたノートや紙片を私は勝手に「設計図」と読んでいるのです。設計図が出来ますと、私の場合、文章の八割くら

いが出来上がったような気持ちになります。それだけに、設計図を作るのは大変なエネルギーを必要とする仕事で、少し大きな論文の場合、設計図を作るだけで瘦せてしまいます。……自分の思索が本当に綿密になるのは、この段階であるとも言えるのです（86-88頁）。

分担執筆は共著か

　分担執筆だけでは共著とはいわないのではないか。連載も同じだ。12回の連載を（たとえば、6回ずつに分けて）分担執筆したのは本当の意味の共著ではない。もちろん各章ごと、各連載ごと、節ごとに執筆は分担するが、その後の意見交換が問題だ。

　われわれの場合、一つの章でも、7～8回コメントを往復させる。e-mailでコメントを送るときは、手を入れたところがわかるようにして送ると、時間の節約になる（ワードでいえば「変更履歴の作成」）。本書の初版の執筆時、「変なはしがき」だけで1日に6回ファックスを小浜から木村に送り、木村の自宅のFAX用紙の消費関数を上方にシフトさせてしまった。木村は夜帰って、あまりの大量FAXに唖然とし、ワインを飲みまくり、食べまくり、夜中に「またこんなこと書いて」といいながらコメントを書き、それを小浜にFAXして寝たのである。小浜はそれを朝起きて読み、直して送り返す（その往復の一部を編集者が見て、本文よりこっちのほうが面白いなどと、まぜっかえしていた）。

時間を創り出す

　勉強量とは時間×集中度である。集中度は勉強が進むにしたがってついてくる。時間の確保も大切なノウハウだ。誰も1日24時間しかない。人間社会に生きている以上、いろいろな付き合いもあるだろう。昼間の雑務もあるだろう。時間を作るために自分にあった工夫が必要だ。たとえば、仕事帰りに「ちょっと一杯」がどうしても必要なときもあるだろう。友達や同僚に誘われても、勉強したいから帰るといえる強い意志をもった人は立派だ。われ

われなんかはいつも率先して「行こうぜ」なんてやっている。折衷案としては、二次会には行かないということくらいか。一次会がすんで「ちょっと風邪ぎみだから今日はここで帰る」というのは、それほど悪い断りではない。嘘も方便。いくら飲んでも仕事ができるという人はともかく、それができない人は家に帰ったらすぐ寝てしまう。家に帰ってぐずぐずテレビのニュースなどを見てはいけない。10時に寝たら4時に起きても6時間寝られる。そこから3時間勉強すればいい。

　プレビッシュ＝シンガー命題（発展途上国の長期的交易条件悪化説）で有名なハンス・シンガー氏は若いとき国連に勤めていた。それなのにいろいろな論文を発表していた。あるとき小浜が直接シンガー先生に「国連に勤めながらどうやって研究をしていたのですか」と聞いたところ、「毎日朝早く国連のオフィスに行った」という答えだった。「朝7時に行けば2時間から2時間半はすべて自分の時間だ」とうれしそうに答えてくれた。

　時間を創り出すのとは違うが、無駄な時間を作らない工夫も大切だ。たとえば、ある郵便をタイに出す必要があったとしよう。航空便の料金表と正確な秤(はかり)そして切手が家にあれば、わざわざ郵便局に行く必要はない。ついでのときに料金表は郵便局でもらっておく。秤は1000円くらいで売っている。切手は必要な金額のものを整理して決まった場所に入れておくといいだろう。小浜は、自宅に、切手のファイルをおいている。なかには、10円、20円、50円、80円、90円、100円、270円切手がある。航空便でも、自宅で切手を貼れば、出がけにポストに入れることができる。

インタビューの仕方

　いま現に動いている経済の論文を書くために、たとえば対象がアフリカの国なら、その国に行って調査する場合もある。もちろん、国内で情報・統計を集め、それを分析したうえで現地調査に出かけるのが筋だ。現地でしか手に入らない統計を集めることも重要だが、その国の専門家にインタビューして情報を集めるのも大切な研究手段である。インタビューの相手としては、

その国の経済学者、役人、政治家、企業家、ジャーナリスト、国際機関の専門家などが考えられる。さらに工場見学などを入れたほうがいい場合もあるだろう。

インタビューは論文を読んだり、統計分析するのとはまた違った能力が必要とされる。十分な準備をすることは当然としても、相手の性格を読んだり、知っているのに直接答えてくれない相手からどうやって本音を引き出すかなどには相当な経験が必要だと思う。初めは有能な先輩といっしょに行って、実地に学ぶのがいいだろう。

インタビューで克明にノートを取るかどうか。これには二つのスタイルがあるように思う。一つは相手のいうことを細大漏らさずノートするタイプ。もう一つはまったくノートを取らないやり方。中間形態として、キーワードだけノートするというタイプもある。

開高健(かいこうたけし)(作家。『裸の王様』で芥川賞受賞。代表作に『夏の闇』など：編集部)は数多くの優れたルポルタージュを残しているが、いっさいノートを取らなかったという。谷沢永一の解釈によると、記憶すべきことならノートなんかとらずに記憶するし、記憶に残らないようなことは書くに値しないことだという強い自信があったようだ。われわれの友人のアメリカ人学者もノートを取らない。彼にいわせると、インタビューしながらノートを取ると、話の間がとぎれていい話が聞けないそうだ。しかし、彼はホテルに帰ってパソコンの前に座ると、聴いたことがすべて思い出せるという。

インタビューのコツは経験して自分で会得するしかないが、十分準備して「話をロジックで聴く」ことが大切だ。そうすれば頭にすーっと入るし、相手がまちがったことをいうとすぐ気がつく。わかりにくい英語でもロジックで聴けばインタビューも簡単だ。

いろいろなノウハウ

立花隆は「本を読みながらノートを取るな」という（立花 1995, 74頁）。そのとおりだろう。でもこれは「ノートを取れ」というわれわれの主張と矛

盾するわけではない。第1章の「小説にも線を引け」で書いたように、線を引いたページをまとめ、どこかに書いておくことは本を読みながらやったほうが効率的だ。そうしておけばあとでノートを取るのが簡単である。

　最近の電子機器はどんどん高性能かつ小型化している。電子手帳も賢くなっているし、600グラムのパソコンまで登場するご時世である。「パソコンは持ち歩くべきか、iPadで代用できるか」。それは各人の趣味によるだろう。ウィンドウズに比べてマックのノートパソコンは重いが、出張時にはそのノートパソコンをもっていく。小さいプリンターまでもって海外出張に出ることもある。年をとるにつれ、われわれでも結構忙しい。出張報告や出張の会計報告などを日本に帰ってやる時間がないことが多い（たんに身のほど知らずのオーバーコミットメントだけかもしれないが）。そこで、調査の出張に出るときは、毎晩、あるいは明くる朝、前日の記録や経理についての作業をやってしまう。帰りの飛行機でそれをまとめれば帰国後、次の仕事にとりかかれる。慣れてくれば、出張中にその出張目的以外の仕事も現地でできるようになる。何事も慣れだ。

　経済学の教科書にも慣れがいるかもしれない。イギリスの教科書とアメリカの教科書ではスタイルが違う。一般的にいって、アメリカの教科書は分厚く、表現も簡単で同じことをこれでもかこれでもかと懇切丁寧に説明してある。これに対して、イギリスの教科書は、薄くて説明は簡潔。どちらがいいとは一概にいえない。アメリカ型教科書のほうがちょっと見にはわかりやすいが、イギリス型で勉強したほうがよく身に付く場合もある。経済学の研究も同じで、アメリカン・スタイルとイギリスのスタイルは違う。

　ハードもソフトも進歩は速い。自分の趣味に合えば新しい便利なものを活用すべきだ。『知的生産の技術』（梅棹 1969）には確か「こざね（鎧のコザネ）」方式とかいって、小さい紙に書こうとするテーマを書き、それを並べ替えたりしながら論文や本の構成を考えるといい、と書いてあった。もちろんいまでもそうやって悪いことは全然ない。しかしいまでは、たとえばワープロのアウトライン機能で代用できる。

基礎的な知識も完全主義でないほうがいい。国民経済計算のシステムは、経済分析をする以上誰でも不可欠な知識だが、初めのうちは結構つまらない。必要だが、面倒でつまらない基礎知識は、必要が出てきたときに、があーとやってしまうのが効率的だ。

完全主義は続かない

　野口悠紀雄氏の「超整理法」が多くの人に共感をもたらしたのは、それは分類をしない、新しい順にファイルを並べ、いらなくなったものは捨てる、という点にあった。完全主義を目指さないということはとても大切なことだ。でも捨てられない人もいて、超整理法でもダメだと金森久雄はいっている（金森 1995, 171頁）。

　さらに金森（1995, 172頁）は、大来さん（1993年に亡くなった大来佐武郎・元外務大臣）に習ったこととして、文章には「形容詞を使うな」「接続詞も省け」というコツがあると述べている。梅棹忠夫の『知的生産の技術』にも触れていて、当時梅棹説を実行した（たとえば京大式カード）人はたくさんいたが、『文明の生態史観』のようなすばらしい本を書いた人は出なかった、ということは、「知的生産は技術的なノウハウを習得しただけではダメなのだろう」といっている（174頁）。

　本書ではいろいろなことを書いたが、あまり無理はしすぎないことだ。「ちょっと背伸び」くらいの生き方がちょうどいい。妹尾（1987）は、

> ……ときには、六時間も連続して一つの机に向かっているけど、たいてい、デザイン描いてて一時間もたっていないのに、すぐ気分を変えたくなって、椅子をくるっと回転させて後ろにあるワープロで文章を書き出すとかね。とにかく、いつも自分を飽きさせないように、あやしながらやってる。

といっている（250頁）。

3 どう生きるか

勉強する学生、勉強しない学生

　何度もいっているように、勉強しないことは学生にとって恥ずべきことだが、お金がないことはそれほど恥ずべきことではない。

　大学生活はすべて勉強で明け暮れるべきだというつもりはない。しかし、無為に過ごすのは最低だ。運動でもいいし、専門以外の本の乱読でもいいし、もちろん専門の勉強でもいい。すでにいったように、無為に過ごすには人間がもっている時間はあまりに短い。

人生楽しく生きよう

　人間楽しく胸を張って生きることができれば、それはかなりいい人生だ。巨万の富を蓄えることは、その富を使う目的がないなら、あまり意味のあることではない。アメリカの富豪ウォーレン・バフェットは、先年4兆円もの資産をゲイツ財団に寄付している。

　『「超」勉強法』に引用されているシュリーマンのように目的がはっきりしていれば、蓄財も意味がある（野口 1995, 56-57頁）[5]。衣食住が普通にでき、読みたい本が買え、ときには旨いものが食べられれば、物質的な消費はもう十分ではないだろうか。

　谷沢永一の『人間通』（谷沢 1995）には生き方のコツがいろいろ紹介されている。すべてに賛同しないとしても、自分の価値観にあった人生のノウハウは取り入れてしまおう。「後記」（210頁）の「歴史について考えるときの決め手は、うんざりするほど沢山な過去の事象の中から、現代にもなお関連する生きた要件を探りあてる観察眼でしょう」という一節はどうだろう。

　この本の最後に付いている読書案内も役に立つ。『篠沢フランス文学講義』のコメントは以下のようである。

『篠沢フランス文学講義』全5巻　篠沢秀夫（大修館書店）
学習院大学での語り口をそのまま記録したもっとも読み易い文学史。開口健が言った。「これを読んでいてな、私が年とって、もう何も書けなくなった場合、もしこの人の講義が続いているなら、聴きに行きたいと思うな」（『書斎のポ・ト・フ』）。

　誤解を恐れずいえば、小浜は過去に全然関心がない（小浜の極論）。それなら何で明治から戦後までの日本経済の分析〔たとえば、大川・小浜（1993）〕なんか書くの、という反論があるだろう。たとえば、10年後の中国経済がどうなっているか、それには大いに関心がある。そのために3倍の30年間の過去の経験の分析が必要なら、その分析は大いにやりたい。江戸時代の経済史だって、経済発展の初期条件を考えるうえでとても参考になる[6]。要はいかに100年前、200年前の事実を「読む」か、ということだ。ペルヌー＝ドラトゥーシュ＝ギャンペル（1995）の目次のごく一部を引用しよう。

　　第一部　未来への後戻り
　　第二部　開発モデルとしての中世
　　第三部　第三世界に役立つ中世

どうだろう。ちょっと食指が動くだろうか。

経済理論とは

　中世の話が出たついでに一言。
　有名な経済学者のJ. R. ヒックスに、古代地中海から産業革命までを分析した『経済史の理論』がある[7]。*Journal of Economic Theory* に載っているような論文こそ経済理論だ、と考えている学者も多いだろう。ヒックスの『経済史の理論』にも「理論」という言葉がついている（ヒックス 1995）。何が「理論」か迷ってしまう。

伊東（1995）は、ヒックスが『価値と資本』序文の「経済理論の地位は応用経済学のしもべたるにある」という一節を引用している（162頁）。そんなこと書いてあったかな、と思って小浜は読んだ古い本を引っぱり出してきた。なんとそこに線がちゃんと引いてあるではないか。まったく記憶にない。伊東光晴氏と感受性の違いかと、ここで小浜は少し落ち込む。

同じ論文の同じページに、伊東（1995）は、合理的期待形成理論からすれば非自発的失業などはありえないとするルーカスに対し、トービンが興奮して「私は大不況をこの目で見た。若い君は見ていない。あなたの理論では1930年代の悲惨さを説明できない」といったという話を引用している（162頁）。どっちに軍配を上げますか。

世界の未来は若者が支える

年は相対的なものだが、どう考えたって将来の世界は若い人たちが背負うのだ。これほど論理的なことはない。

ホンダの創業者・本田宗一郎は、常々若い人に期待する、といっていた。興銀（日本興業銀行。現在は他行と合併してみずほ銀行など、みずほフィナンシャルグループとなっている：編集部）OBがうるさいらしい。うるさい相談役の了解なしに重要事項は進行しない、と書かれている（「丸の内コンフィデンシャル」『文藝春秋』1996年2月、231頁）。真偽のほどは知らない、もし本当なら、ホンダとはえらい違いだ。本田宗一郎と藤沢武夫（本田とともにホンダを創業した：編集部）は昭和39年の機構改革からほとんど役員会にも出てこなくなったそうだ（本田精神継承研究会 1995, 111-112頁）。

日本の組織は一般的に減点主義。攻めて失敗しても減点されるなら、誰も攻めない。そうやって企業も国も没落していく。いまの日本では、大学の教師は減点も評価もない。

思想とは主義にしたがって行動することである。これからの世界は若い世代の人が変えていくのだ。

4　木村の異論

「パーソナル・ノートを活字にするな！」なる暖かい（？）批判を、小浜裕久氏は友人諸氏からしばしば受けている。気の小さい私は、先輩諸氏からの身に覚えのないご批判を恐れ、前回いっしょに仕事をしたとき（木村・小浜1995）には彼の原稿の「極論」をほとんど削除させてもらった。しかしこの本ではついに、彼の「極論」がそのまま活字になってしまうのを黙認することとなってしまった。

だいたい、勉強の仕方だの論文の書き方だのといった本は経験豊かな大先生が書くべきもので、小浜氏はともかく、私のような若輩者が書くタイプの本ではない。ちゃんとした論文もろくに書いてもいないのに、そんなことをしている暇があるのか、などという先輩諸氏のお小言も聞こえてくるようである。私は迂闊にも、いっしょに書くなどと約束してしまったのである。そこでせめて、第1章の「名前の順番」に書いたことには反するが、著者の順番を「木村・小浜」ではなく「小浜・木村」にしてもらったのである。ちなみに、著者の間で論文に対する貢献度が異なるときには、アイウエオ順やabc順にこだわらず、著者の順番を替えるべきだと私は個人的には思っている[8]。

小浜氏はなにしろマメなので、何につけズボラな私にはとてもまねができそうもないことが、この本にはたくさん書いてある（小浜は「超マメ」と「超ズボラ」が同居している。書斎は足の踏み場もない）。とくに「変な」はしがきと第1章、第2章、第4章あたりは、彼の独擅場である。彼と私の研究分野は、最近は若干ずれているので、仕事の仕方がある程度違うのは当然だが、それにとどまらずやはり性格によるところも大きい。とくに、第1章の「文献データベース」のあたりは、ちょっとやりすぎという気もする。あそこまでやったら、かえって他のところのエントロピーが高まってしまうではないか、と負け惜しみをいって、とりあえず自分で自分のズボラを許しておこう

と思う。野口悠紀雄氏の自分を責めないという発想、整理ができないのはズボラだからではなく仕事をしていて忙しいからという発想は、私にとっては目からウロコが落ちるようなものであった（野口氏がその実、たいへんマメであることはとりあえず措く）。何にせよ、この本に書いてあることはまさに「パーソナル・ノート」なのであり、読者は役に立ちそうなところだけまねをしてみればよいだろう。

　勉強や研究の舞台裏を見せるというこの本の性格上、private life と仕事の境目がつきにくいことも、執筆にあたり私には抵抗のある点であった。このあたりの認識も、小浜氏と私では異なっているように思われる。小浜氏の場合、（本当にそうなのかどうかは知らないが）少なくとも表面上は、個人生活と仕事の境界線がないのである。論理も感情も含めた全身が研究対象にぶちあたっていくという感じである。そのため、私なら抑制してしまいがちな情熱なり怒りなり（いったん抑制してもそれが何に転化されるのかはもちろん問題であるが）が、あちこちで爆発して、小浜氏の文章にあふれでてくることになる。しかしこれらも、小浜氏の仕事の仕方を知るうえで欠くことのできない要素だと思うので、あえてそのままにしてある。

　そのほか、小浜氏が先に書いた一次稿のなかで抵抗があったのは、第1章の雑誌のランキングのくだり（私はやっぱりランキングは大事だと思う）、小浜氏のゼミの講義要項の掲載（公立大学と私立大学の教員一人当たり学生数の違いなどを考えると、誰でもあの流儀でできるわけではない）、第2章の「まめに生きよう」の節で不穏当にもボーイフレンド、ガールフレンドの例が用いられていること（こういう例は絶対に使うなとアメリカで教わった）、経済理論に対してはちょっと違う意見を持っていることなどである。これらの部分については、fast track（一括審議）でなく個別審議だったなら批准しなかったかもしれない点であったことをここに記しておく。

　こんな具合に先輩に対してぶつぶつ呟くのは私の得意技であり、今回はその呟きもこの「異論」に残してもらうことにした。最後に、私のこれまでの勉強や仕事のスタイルの大部分は、実は小浜氏のやり方を消化・吸収したも

のであることを告白しておこう。経済学などまったく知らない学部出たての私を、手取り足取り指導してくれたのが9歳年上の小浜氏であった。良くも悪くも、常に前向きに励んでいる先輩を見つけることも、自分を高めていくうえで欠くことのできない要素の一つである。

1）この「私の履歴書」連載に大幅加筆したものが単行本として出ている（梅棹 2002）。
2）（小浜の極論）日本にはたくさんの新聞記者がいるが、ジャーナリストはほとんどいない。もちろん、他人（とくに新聞記者）にこれをいうときは「日本には大学教授はたくさんあれど、真の学者はほとんどいない」と付け加えるのも忘れない。「気配りの小浜」だと思っている。
3）どういう人間が「本物」か、海老沢（1994）を読むと、ヒントが得られるかもしれない。
4）「もんじゅ」「もんじゅ事故」で検索すると、いろいろな情報が得られる。
5）シュリーマンに関心があれば、シュリーマン（1977）などを読むといいだろう。シュリーマンは、幕末の日本にも来ている。
6）たとえば、小浜（2006）参照。
7）ヒックスとアローが「一般均衡理論の進展に貢献した」としてノーベル経済学賞の受賞が発表されたとき、ヒックスはたまたま日本にいて「『経済史の理論』で受賞したら、もっとうれしかったのに」といったと伝えられている。
8）木村の反論。でも、木村説のほうが多数派だと思う。

参考文献

Aghion, Philippe and Steven N. Durlauf eds. *Handbook of Economic Growth* Vol. 1A. Amsterdam: North-Holland, 2005.

Akerlof, George A. "The Market for 'Lemons': Quality Uncertainty and the Market Mechanism". *Quarterly Journal of Economics*, Vol. 84, No. 3, August 1970.

網野善彦『増補無縁・公界・楽――日本中世の自由と平和』平凡社、1987年。

網野善彦『日本の歴史をよみなおす』筑摩書房、1991年。

青木昌彦『経済システムの進化と多元性――比較制度分析序説』東洋経済新報社、1995年。

青木昌彦・奥野正寛編著『経済システムの比較制度分析』東京大学出版会、1996年。

Aoki, Masahiko. *Toward a Comparative Institutional Analysis*. Cambridge, Mass.: The MIT Press, 2001.（滝沢弘和・谷口和弘訳『比較制度分析に向けて』NTT出版、2001年）

Appleyard, Dennis R., Alfred J. Field, Jr., and Steven L. Cobb. *International Economics*. 7th ed., New York: McGraw-Hill Irwin, 2010.

イアン・アーシー「「霞ヶ関ことば」入門講座（前篇）」『中央公論』1995年5月。(a)

イアン・アーシー「霞ヶ関の修辞学――「霞ヶ関ことば」入門講座（後篇）」『中央公論』1995年6月。(b)

イアン・アーシー「「政治家の話術」上達指南」『中央公論』1996年1月。

Arrow, Kenneth J., Hollis B. Chenery, Bagicha S. Minhas, and Robert M. Solow. "Capital-Labor Substitution and Economic Efficiency." *Review of Economics and Statistics*, Vol. 43, No. 3, August 1961.

Arrow, Kenneth J. "The Economic Implications of Learning by Doing." *Review of Economic Studies*, Vol. 29, No. 3, June 1962.

Asanuma, Banri. "Manufacturer-Supplier Relationships in Japan and the Concept of Relation-Specific Skill." *Journal of the Japanese and International Economies*, Vol. 3, No. 1, March 1989.

浅沼萬里「調整と革新的適応のメカニズム──自動車産業における部品取引の構造」伊丹・加護野・伊藤（1993d）。

浅沼信爾・小浜裕久『近代経済成長を求めて──開発経済学への招待』勁草書房、2007年。

Auletta, Ken. *Googled: The End of the World As We Know It*. New York: Penguin Press, 2009.（土方奈美訳『グーグル秘録』文藝春秋、2010年）

Balassa, Bela. "An Empirical Demonstration of Classical Comparative Cost Theory." *Review of Economics and Statistics*, Vol. 45, No. 3, August 1963.

Balassa, Bela. "Trade Creation and Trade Diversion in the European Common Market: An Appraisal of the Evidence." *Manchester School of Economic and Social Studies*, Vol. 42, No. 2, June 1974.

Behrman, Jere and T. N. Srinivasan eds. *Handbook of Development Economics* Volume 3B. Amsterdam: North-Holland, 1995.

Blanchard, Olivier. *Macroeconomics Updated Edition* (Fifth Edition). Boston: Pearson Education, 2011.

「知的生産の技術」研究会編『わたしの知的生産の技術 Part Ⅰ』講談社文庫、1986年。

「知的生産の技術」研究会編『わたしの知的生産の技術 Part Ⅱ』講談社文庫、1986年。

Corbo, Vittorio and Stanley Fisher. "Structural Adjustment, Stabilization and Policy Reform: Domestic and International Finance." In Behrman and Srinivasan (1995).

Dasgupta, Partha, Stephen Marglin and Amartya Sen. *Guidelines for Project Evaluation*. New York: United Nations, 1972.

Dasgupta, Partha. *An Inquiry into Well-Being and Destitution*. Oxford: Clarendon Press, 1993.

Easterly, William, Ross Levine, and David Roodman. "New Data, New Doubts:

Comment on 'Aid, Policies and Growth (2000)' by Burnside and Dollar." *American Economic Review*, Vol. 94, No.3, June 2004.

Easterly, William. "National Policies and Economic Growth: A Reappraisal." In Aghion and Durlauf (2005).

海老沢泰久『美味礼讃』文春文庫、1994年。(文藝春秋、1992年)

江上波夫『学問と夢と騎馬民族』日本経済新聞社、1995年。

江上波夫・佐原真『騎馬民族は来た!? 来ない!?［激論］江上波夫 vs 佐原真』小学館ライブラリー78、1996年。

藤岡文七・渡辺源次郎『テキスト国民経済計算』経済企画協会、1994年。

船曳建夫・門脇俊介・長谷川寿一「表現の技術：他者理解から自己表現へ」小林康夫・船曳建夫編『知の技法』東京大学出版会、1994年。

Greenaway, David and L. Alan Winters eds. *Surveys in International Trade*. Oxford: Blackwell, 1994.

速水佑次郎『新版 開発経済学——諸国民の貧困と富』創文社、2000年。

ジョン・リチャード・ヒックス、新保博・渡辺文夫訳『経済史の理論』講談社学術文庫1207、1995年。

Hine, Robert C. "International Economic Integration." In Greenaway and Winters (1994).

日野原重明「いつも目を覚ましている」『日経ビジネス（有訓無訓）』1995年6月26日。

本田精神継承研究会編『昭和の天才独創家／本田宗一郎語録』ソニー・マガジンズ、1995年。

石川滋『開発経済学の基本問題』岩波書店、1990年。

伊丹敬之・加護野忠男・伊藤元重編『リーディングス日本の企業システム1 企業とは何か』有斐閣、1993年。(a)

伊丹敬之・加護野忠男・伊藤元重編『リーディングス日本の企業システム2 組織と戦略』有斐閣、1993年。(b)

伊丹敬之・加護野忠男・伊藤元重編『リーディングス日本の企業システム3 人的資源』有斐閣、1993年。(c)

伊丹敬之・加護野忠男・伊藤元重編『リーディングス日本の企業システム4 企

業と市場』有斐閣、1993年。(d)

伊藤昌哉「無党派層が国を滅ぼす」『Voice』1995年11月。

伊東光晴「日本経済論診断——桂樹冬風に抗し春を想う」『世界』1995年12月。

伊藤元重・清野一治・奥野正寛・鈴村興太郎『産業政策の経済分析』東京大学出版会、1988年。

Jones, Charles I. *Introduction to Economic Growth*, 2nd edition, New York: W. W. Norton, 2002.（初版の翻訳：香西泰監訳『経済成長理論入門』日本経済新聞社、1999年）

Jones, Charles I. *Macroeconomics, Economic Crisis Update*. New York: W. W. Norton, 2010.

金森久雄『嘆きの評論家』NTT 出版、1995年。

経済産業省経済産業政策局調査統計部編『工業統計表』国立印刷局印刷局（経済産業調査会）、各年。 →『工業統計表』と引用。

『経済論文の技法』 →小浜裕久『経済論文の技法——データが語る・データで語る』日本評論社、2009年。

木村福成・小浜裕久『実証・国際経済入門』日本評論社、1995年。

木下是雄『理科系の作文技術』中公新書、1981年。

小林英夫・岡崎哲二・米倉誠一郎・NHK 取材班『「日本株式会社」の昭和史　官僚支配の構造』日本放送出版協会、1995年。

『工業統計表』 →経済産業省経済産業政策局調査統計部編『工業統計表』国立印刷局、各年。

Kohama, Hirohisa and Shujiro Urata. "The Impact of the Recent Yen Appreciation on the Japanese Economy." *Developing Economies*, Vol. 26, No. 4, December 1988.

小浜裕久・浦田秀次郎「内需ハイテク型に転換する日本経済」『ECONOMICS TODAY』Autumn 1987。

小浜裕久『ODA の経済学（第２版）』日本評論社、1998年。

小浜裕久・柳原透編著『東アジアの構造調整』日本貿易振興会、1995年。

小浜裕久「サブサハラ・アフリカの構造調整——アジアの構造調整との比較」『世界経済評論』1995年12月号。

小浜裕久・渡辺真知子『戦後日本経済の50年：途上国から先進国へ』日本評論社、1996年。

小浜裕久『戦後日本の産業発展』日本評論社、2001年。

小浜裕久『日本の国際貢献』勁草書房、2005年。

小浜裕久「日本の近代経済成長：初期条件と制度的革新についての覚書」『経済志林（解析的経済史への招待――尾高煌之助教授退職記念論文集）』第73巻第4号、2006年3月。

Kohama, Hirohisa. *Industrial Development in Postwar Japan*, London: Routledge, 2007.

小浜裕久『経済論文の技法――データが語る・データで語る』日本評論社、2009年。『経済論文の技法』と引用

小池和男「日本企業と知的熟練」伊丹・加護野・伊藤（1993c）。

小島直紀『志――かつて日本にあったもの』新潮社、1995年。

小松茂美「学歴なくとも実績で示す」『日経ビジネス（有訓無訓）』1994年6月27日。

小峰隆夫『経済データの読み方（第2版）』日本評論社、1995年。

香西泰『高度成長の時代』日経ビジネス人文庫、2001年（日本評論社、1981年）。

Kreinin, Mordechai E. *International Economics ― A Policy Approach*. Orlando, FL: The Dryden Press, 7th ed., 1995.

Krugman, Paul R. and Maurice Obstfeld. *International Economics ― Theory & Policy*. Boston: Addison-Wesley, 8th edition, 2009.

Krugman, Paul. "The Myth of Asia's Miracle." *Foreign Affairs*, Vol. 73, No. 6, November/December 1994.

Kuznets, Simon. "Modern Economic Growth: Findings and Reflections." *American Economic Review*, Vol. 63, No. 3, June 1973.

Lewis, W. Arthur. "Economic Development with Unlimited Supplies of Labor." *The Manchester School of Economic and Social Studies*, Vol. 22, No. 2, May 1954.

丸谷才一『文章読本（改版）』中公文庫、1995年。

南亮進『日本の経済発展（第3版）』東洋経済新報社、2002年。

溝口敏行・浜田宗雄『経済時系列分析』勁草書房、1969年。

森川英正編『ビジネスマンのための戦後経営史入門』日本経済新聞社、1992年。
中谷巌『入門マクロ経済学（第5版）』日本評論社、2007年。
日本銀行経済統計研究会編『経済指標の見方・使い方』東洋経済新報社、1993年。
日本経済新聞社編『経済指標の読み方（上・下）』日経文庫、2004年。(a)（b)
西川俊作・尾高煌之助・斎藤修編『日本経済の200年』日本評論社、1996年。
西村可明『社会主義から資本主義へ――ソ連・東欧における市場化政策の展開』日本評論社、1995年。
西山記念事業会『西山彌太郎追悼集』西山記念事業会（川崎製鉄株式会社内）。
野田一夫「戦後の日本鉄鋼業と西山弥太郎」西山記念事業会（1967）、79～93頁。
野口悠紀雄『超整理法』中公新書、1993年。
野口悠紀雄『続「超」整理法・時間編――タイム・マネジメントの新技法』中公新書、1995年。
野口悠紀雄『「超」勉強法』講談社、1995年。
野村克也『ノムダス勝者の資格』ニッポン放送、1995年。
小黒啓一・小浜裕久『インドネシア経済入門』日本評論社、1995年。
大川一司・南亮進編『近代日本の経済発展――「長期経済統計」による分析』東洋経済新報社、1975年。
Ohkawa, Kazushi and Miyohei Shinohara eds. *Patterns of Japanese Economic Development — A Quantitative Appraisal.* New Haven: Yale University Press, 1979.
Ohkawa, Kazushi and Hirohisa Kohama. *Lectures on Developing Economies — Japan's Experience and its Relevance.* Tokyo: University of Tokyo Press, 1989.
大川一司・小浜裕久『経済発展論――日本の経験と発展途上国』東洋経済新報社、1993年。
岡崎哲二・奥野正寛編『現代日本経済システムの源流』（シリーズ・現代経済研究6）日本経済新聞社、1993年。
Okazaki, Tetsuji and Masahiro Okuno-Fujiwara eds. *The Japanese Economic System and Its Historical Origins*（Japan Business and Economics Series）. Oxford: Oxford University Press, 1999.
大来洋一『戦後日本経済論――成長経済から成熟経済への転換』東洋経済新報社、

2010年．

奥村茂次・柳田侃・清水貞俊・森田桐郎編『データ世界経済』東京大学出版会、1990年．

大塚啓二郎・劉德強・村上直樹『中国のミクロ経済改革——企業と市場の数量分析』日本経済新聞社、1995年．

尾崎護『経綸のとき——小説三岡八郎』東洋経済新報社、1995年．

レジーヌ・ペルヌー、レイモン・ドラトゥーシュ、ジャン・ギャンペル、福本直之訳『「産業」の根源と未来——中世ヨーロッパからの発信』農山漁村文化協会、1995年．

Rodrik, Dani. "The Limits of Trade Policy Reform in Developing Countries." *Journal of Economic Perspectives*, Vol. 6, No. 1, Winter 1992.

Rodrik, Dani. "Trade and Industrial Policy Reform." In Behrman and Srinivasan (1995).

Rodrik, Dani ed. *In Search of Prosperity: Analytic Narratives on Economic Growth*. Princeton, N. J.: Princeton University Press, 2003.

Rodrik, Dani. "Growth Strategies." In Aghion and Durlauf (2005).

隆慶一郎『時代小説の愉しみ』講談社文庫、1994年．(講談社、1989年)

佐原真『騎馬民族は来なかった』日本放送出版協会（NHK ブックス）、1993年．

佐桑石雄・佐藤貞晴「対談：千葉建設と労働組合」西山記念事業会（1967)、67〜474頁．

Salvatore, Dominick. *International Economics — Trade and Finance*. 10th edition, Hoboken, N. J.: Wiley, 2011.

佐々淳行『六年二組の約束——戦争と先生と59人の子供たち』TBS ブリタニカ、1995年．

佐々木譲『北辰群盗録』徳間文庫、2009年．（集英社、1996年11月）

『戦後の工業統計表』 →通産統計協会編『戦後の工業統計表（産業編）［第 1 巻 統計編］』大蔵省出版局、1982年．

妹尾河童『河童が覗いた仕事師12人』平凡社、1987年．

妹尾河童『河童の対談おしゃべりを食べる』文春文庫、1991年．

妹尾河童『河童のタクアンかじり歩き』文春文庫、1992年．

妹尾河童『河童のスケッチブック』文藝春秋、1995年。

椎名素夫・岡崎久彦「対談：真の保守政権を待望する（政治季評）」『中央公論』1995年4月。

清水幾太郎『文章の書き方』岩波新書（青版341）、1959年。

清水幾太郎『私の文章作法』中公文庫、1995年。(1971年10月、潮出版社)

生源寺真一・谷口信和・藤田夏樹・森建司・八木宏典『農業経済学』東京大学出版会、1993年。

塩野七生『ローマ人の物語 Ⅳ ユリウス・カエサル ルビコン以前』新潮社、1995年。

塩沢由典「社会の技術的能力」中岡哲郎『技術形成の国際比較――工業化の社会的能力』筑摩書房、1990年。

白砂堤津耶『初歩からの計量経済学（第2版）』日本評論社、2007年。

ハインリッヒ・シュリーマン『古代への情熱――シュリーマン自伝』新潮文庫、1977年。

総務庁統計局編『日本統計年鑑』日本統計協会／毎日新聞社、各年。

通産統計協会編『戦後の工業統計表（産業編）［第1巻　統計編］』大蔵省出版局、1982年。　→『戦後の工業統計表』と引用。

鈴木正俊『経済予測』岩波新書（新赤版406）、1995年。

鈴木正俊『経済データの読み方（新版）』岩波新書、2006年。

諏訪邦夫『発表の技法――計画の立て方からパソコン利用法まで』講談社（ブルーバックス B-1099）、1995年。

立花隆『ぼくはこんな本を読んできた――立花式読書論、読書術、書斎論』文藝春秋、1995年。

田原総一郎「西澤潤一――半導体日本を支えた男（科学はどこへ行く①）」『中央公論』1996年1月。

高橋亀吉『大正昭和財界変動史（全3巻）』東洋経済新報社、1954、55年。

高橋亀吉『日本近代経済形成史（全3巻）』東洋経済新報社、1968年。

高橋亀吉『日本近代経済発達史（全3巻）』東洋経済新報社、1973年。

高橋亀吉『高橋経済理論形成の60年　上下』投資経済社、1976年。

高杉良『小説日本興業銀行（第一部～第三部）』講談社文庫、1990年。(a)、(b)、

(c)

高杉良『小説日本興業銀行（第四部～第五部）』講談社文庫、1991年。(a)、(b)

谷口智彦『通貨燃ゆ：円・元・ユーロの同時代史』日経ビジネス人文庫、2010年。(a)

谷口智彦『日本の立ち位置が分かる　国際情勢のレッスン：バズワードで世界を読む』PHP研究所、2010年。(b)

谷沢永一『人間通』新潮選書、1995年。

鉄鋼新聞社編『鉄鋼巨人伝西山彌太郎』鉄鋼新聞社、1971年。

寺西重郎『日本の経済発展と金融』岩波書店、1982年。

寺西重郎『経済開発と途上国債務』東京大学出版会、1995年。

Tignor, Robert L. *W. Arthur Lewis And the Birth of Development Economics*. Princeton, N. J.: Princeton University Press, 2005.

植草益編『日本の産業組織——理論と実証のフロンティア』有斐閣、1995年。

梅棹忠夫『知的生産の技術』岩波新書、1969年。

梅棹忠夫『夜はまだあけぬか』講談社文庫、1995年。

梅棹忠夫『文明の生態史観』中公文庫（改版）、1998年。（中央公論社、1967年）

梅棹忠夫『行為と妄想　私の履歴書』中公文庫、2002年。

梅棹忠夫・小山修三『梅棹忠夫　語る』日経プレミアシリーズ、2010年。

U. S. Department of Commerce. *Statistical Abstract of the United States*. Washington, D.C.: Bureau of Census, U. S. Department of Commerce 1995.

World Bank/Country Economics Department. *Adjustment Lending — An Evaluation of Ten Years of Experience*. Policy and Research Series 1, Washington, D.C.: World Bank, September 1988.

World Bank/Country Economics Department. *Adjustment Lending Policies for Sustainable Growth*. Policy and Research Series 14, Washington, D.C.: World Bank, September 1990.

World Bank/Country Economics Department. *Adjustment Lending and Mobilization of Private and Public Resources for Growth*. Policy and Research Series 22, Washington, D.C.: World Bank, September 1992.

World Bank. *The East Asian Miracle — Economic Growth and Public Policy*. A

World Bank Policy Research Report, Washington, D.C., September 1993.（白鳥正喜監訳・海外経済協力基金開発問題研究会訳『東アジアの奇跡：経済成長と政府の役割』東洋経済新報社、1994年）

World Bank. *Adjustment in Africa — Reforms, Results, and the Road Ahead*. A World Bank Policy Research Report, Washington, D.C., 1994.

World Bank. *Assessing Aid — What Works, What Doesn't, and Why*. Oxford: Oxford University Press, 1998.（小浜裕久・冨田陽子訳『有効な援助：ファンジビリティと援助政策』東洋経済新報社、2000年）

World Bank（Operations Policy and Country Services）. *Adjustment Lending Retrospective — Final Report*. Washington, D.C.: World Bank, 2001.

World Bank. *The Role and Effectiveness of Development Assistance: Lessons from World Bank Experience*. Washington, D.C.: World Bank, 2002.

山口瞳『行きつけの店』TBS ブリタニカ、1993年。

山本夏彦『世は〆切』文藝春秋、1996年。

山根一眞『スーパー書斎の仕事術』ビジネス・アスキー、1986年。

山根一眞『スーパー書斎の道具術』ビジネス・アスキー、1987年。

山根一眞『情報の仕事術2　整理』日本経済新聞社、1989年。

山澤逸平『国際経済学（第3版）』東洋経済新報社、1998年。

米倉誠一郎「鉄鋼業におけるイノベーション導入プロセス――連続鋳造設備導入プロセスの日米比較」今井賢一編著『イノベーションと組織』東洋経済新報社、1986年。

米倉誠一郎「鉄鋼――その連続性と非連続性」米川伸一・下川浩一・山崎広明編『戦後日本経営史　第Ⅰ巻』東洋経済新報社、1991年。

米倉誠一郎「戦後の大型設備投資」森川（1992）所収。

米倉誠一郎「経営と労使関係における戦後改革：鉄鋼業の事例を中心に」香西泰・寺西重郎編『戦後日本の経済改革――市場と政府』東京大学出版会、1993年。(a)

米倉誠一郎「戦後日本鉄鋼業試論――その連続性と非連続性」伊丹・加護野・伊藤（1993b）。(b)

Yonekura, Seiichiro. *The Japanese Iron and Steel Industry, 1850-1990: Continuity *and Discontinuity*. London: Palgrave Macmillan, 1994.

米倉誠一郎「共通幻想としての日本型システムの出現と終焉」森川英正・米倉誠一郎編『高度成長を超えて（日本経営史５）』岩波書店、1995年。

● 著者紹介

小浜裕久（こはま・ひろひさ）
1949年　神奈川県生まれ
1972年　慶應義塾大学経済学部卒業
1974年　同大学院経済学研究科修士課程修了
1974〜87年　国際開発センター研究員、主任研究員
現　在　静岡県立大学国際関係学部教授（開発経済学、国際経済学）
著　書　『近代経済成長を求めて――開発経済学への招待』勁草書房、2007年
　　　　（共著）
　　　　『経済論文の技法』日本評論社、2009年、など

木村福成（きむら・ふくなり）
1958年　東京都生まれ
1982年　東京大学法学部卒業
1982〜86年　国際開発センター助手
1991年　ウィスコンシン大学マディソン校博士号（経済学）取得
1991〜94年　ニューヨーク州立大学オルバニー校経済学部助教授
現　在　慶應義塾大学経済学部教授（開発経済学、国際経済学）
著　書　『国際経済学入門』日本評論社、2000年
　　　　『検証・金融危機と世界経済――危機後の課題と展望』勁草書房、2010年
　　　　（共編著）、など

経済論文の作法（けいざいろんぶんのさほう）第3版　勉強の仕方・レポートの書き方

1996年 4 月25日　第 1 版第 1 刷発行
1998年 2 月25日　増補版第 1 刷発行
2011年 2 月20日　第 3 版第 1 刷発行

著　者——小浜裕久・木村福成
発行者——黒田敏正
発行所——株式会社 日本評論社
　　　　〒170-8474 東京都豊島区南大塚 3-12-4
　　　　☎ 03（3987）8621（販売）　（3987）8595（編集）
　　　　振替00100-3-16
　　　　http://www.nippyo.co.jp

印　刷——精文堂印刷株式会社
製　本——株式会社精光堂
装　幀——林　健造

検印省略　ⓒ1996, 1998, 2011 KOHAMA Hirohisa and KIMURA Fukunari
Printed in Japan
ISBN 978-4-535-55668-3

JCOPY〈（社）出版者著作権管理機構 委託出版物〉
本書の無断複写は著作権法上での例外を除き禁じられています。複写される場合は、そのつど事前に、（社）出版者著作権管理機構（電話03-3513-6969、FAX03-3513-6979、e-mail: info@jcopy.or.jp）の許諾を得てください。

経済論文の技法
――データが語る・データで語る

小浜裕久／著

インターネット・コンテンツの充実はめざましいものがある。これらを利用して経済データの取得の仕方と利用方法を伝授する。

◆定価2,100円◆978-4-535-55328-6◆A5判

経済学のためのExcel入門
――図表作成と計量分析のテクニック

滝川好夫・前田洋樹／著　［office2007対応版］

Excelを上手に使いこなしていくことは、ビジネスIT基礎スキルのひとつ。
もっと"魅せる"発表のしかた教えます！

◆定価3,675円◆978-4-535-55583-9◆B5判

Excelでやさしく学ぶ産業連関分析

石村貞夫・劉 晨・玉村千治／著

VBAを使わずに、行列・逆行列の計算過程を丁寧に解説しながら、初心者が目で理解できる工夫がいっぱいの入門書。

◆定価3,360円◆978-4-535-55595-2◆A5判

初めての国際学会

出口正之／著

日本の大学院生や研究者は、国際的な学術コミュニティに入ってゆき、知の向上につとめることが求められる。国際学会への接近は本書から。

◆定価1,890円◆978-4-535-58552-2◆A5判

日本評論社
http://www.nippyo.co.jp/